コミュニティ臨床論

ケア実践と
課題解決ネットワークの生成

大下由美

Clinical Theory and Practice
for Organizing Community
with Caring Activities

九州大学出版会

はじめに

　本書では，実践科学として成立するための基本的な要件を備えた，コミュニティの組織化の臨床論が論じられる。では，その基本的な要件とは何か。それは，基礎理論，実践論，技法論および効果測定論が体系化されていることである。

　昨今，地域支援の施策が進められているにもかかわらず，その実践論の研究は深化してはいない。研究者も実践家も，理論と技法の概念に明確な定義を与える志向性が弱く，行政が定める施策の地平での活動を無批判に受け入れる傾向が拡大しつつある[1]ため，自らの浅識薄学をよそに，この学問的にはコミュニティの組織化という手付かずの課題に取り組んだ次第である。

　本書は，これまでのコミュニティ研究の方法とは，いくつかの点で異なっている。それらを以下に示してみたい。

　1つめは，社会構成主義を主軸として理論が構成されている点である。コミュニティの実践論を構築する上で重要な概念となる，地域（コミュニティ），包括性，ケアそしてマネジメントには，この思想的視点から新しい定義が与えられる。その哲学的基礎としては，社会構成主義的な思想の1つの源流と見なすことができる，ハイデガー（Heidegger, M.）の思想の中核的な概念であるケアの概念（Heidegger, 1962）を取り入れる[2]。

　2つめは，このケア概念を土台にして，「～として」の世界構成の構造[3]と力学が，対人的なトランズアクション過程ともの的世界という構造とそしてその相互生成力学として説明される。これは，本書でのコミュニティの構造と力学として新しく定義される。さらにそこから臨床理論が構成される。すなわちケアは，コミュニケーションの用語で言えば，期待と読み替えられる。むろんここでの期待は，差異化された存在の可能性の実現を他者に対して気遣う期待である。この期待は，人と人の行為をつなぐ連結棒のような役割を担う。つまり対人関係場面は，トランズアクショナルであるがゆえ，この期

待の差異化は，他方の期待の意味構成と行為選択そして期待の伝達の差異化へ，そしてそれは，自らの期待の意味構成，行為選択そして期待の伝達の差異化へと展開する。この期待を軸に，行為選択および行為の意味構成を要素とした包括的な世界への実践行為としてのケア群が，コミュニティを構成する基本要素となる。このように，本書でのコミュニティ変容は，構成員それぞれが，持続的な行為，期待そして意味構成を内包するケア群を構成要素とする相互生成的な社会システムにおける微細な差異の生成から説明される。

　3つ目は，技法論と効果測定論が体系化された実践論が提示される点である。本書で採用している実践論は，生成論的システムズ理論[4]である。この理論は，微細なトランズアクションの構成要素のいくつかを差異化することで，システム全体，すなわち既存のコミュニティ全体の差異化を可能にするという，微細な差異相互間の相乗的な変容力学を説明する理論である。この変容論を土台として，技法論の体系化が試みられる。それは，ケアの要素の差異化と，その力学のシステム全体への拡大に寄与する技法論の体系であり，本書では，コミュニケーション過程における行為選択，期待および意味構成の諸要素の差異生成力を増大させるための技法論が提示される。具体的には，トム（Tomm, K.）の既存の循環的質問法が，人あるいはもの軸での，行為選択，期待そして意味構成の諸要素の差異化の技法として再体系化される。他方で，変容の段階論も示される。訴えを促すコンプレイントの段階，問題場面を記述する記述段階，および記述した問題場面の構成要素の差異化を促すリフレクション段階として定式化される。さらに，記述段階での問題場面の期待の構成要素と，新しい実践が作り出したトランズアクションの期待の構成要素の記述を用いて，効果の測定法[5]が提示される。

　4つ目は，上記のような支援論の理論構築という，アカデミックな関心のみならず，本書は，現代の社会的な背景への関与という実践的な意欲の下で執筆されている。すでに高齢化率40％超の地域では，既存のコミュニティ施策を無批判に受け入れ，支援を試みることは，実質的に困難になってきている。つまり，社会維持のために不可欠なケア・マネジメント制度は，既存の体制のままでは，マネジメント力やその統制力を維持できない[6]。この社会的問題に対応するためには，ケアとマネジメントとの無批判な結合を廃棄

し，本来的なケアの意味を復活させ，コミュニティの構成員の人的資源（ケア実践）を最大限活性化し，それらを課題解決の資源としてつなげていく実践が求められるであろう。ただし，その効果実現のためには，理論及び技法に裏付けられた実践が不可欠である。その実践のフレームワークの提示として，本書は執筆されている。

　以上の 4 点が，この著書の学術的なそして実践的な特徴である。ただし，本書で提示したフレームワークは，いまだ完成途上のコミュニティ組織化論である。それゆえ，若手の研究者や学生には，本書の理解に留まることなく，批判を加えて，さらなる発展的モデルの提示に取り組んでいただきたい。また，実践家の中で，現在の自分の実践への不全感を認識しつつも，現状を乗り越える方法が見つからないと考えておられる方には，本書を手に取って，実践への応用という視点から，批判的に吟味を加えていただけることを期待する。

[謝辞]

　本書は，JSPS 科研費 16K04165 の助成を受けた「短期の解決規則ネットワークの生成モデルの構築」研究の成果の一部をまとめたものである。

　本書を執筆するにあたり，事例掲載について，ご了承くださったクライアントの方々に，記して感謝の意を表す。

　また，米国ミシガン大学大学院のガント（Larry M. Gant）教授は，筆者との国際研究の共同研究者として，本研究を支えてくださっている。本書の第5 章の事例は，ガント教授との国際共同研究の研究成果である。このような異文化間での臨床研究法の確立に向けた，新しい研究を遂行できたのもガント教授の甚大なご協力の賜物である。心より感謝を申し上げる。

　さらに第 6 章での事例研究および本書の構想に，多大な刺激をくださった，A 市地域包括支援センター，訪問看護ステーションおよびヘルパー・ステーションのスタッフの皆様にも，記して感謝の意を表したい。

　最後に，九州大学出版会 編集者の永山俊二氏には，前著作に続き本書でもひとかたならぬご尽力を賜った。永山氏からの数々の助言なしには，このように洗練された形で本書を刊行することはできなかった。ここに深く感謝の意を表する。

［注］

1 この点について，木原（2012；141-143）を参照のこと。日本のソーシャルワーク実践における課題，介護保険法における課題が分かりやすく述べられている。

2 ケア概念を臨床の基礎哲学に採用することについての論述は，加茂・大下（2014）を参照のこと。

3 廣松理論を取り入れた臨床の社会理論については，加茂（2012），加茂・大下（2014）を参照のこと。本書では特にものの世界と人の世界の相互生成について論じた。

4 この理論については，大下（2008a），大下・加茂（2008），加茂（2014a, 2014b）を参照のこと。

5 効果測定については，大下（2008b），Kamo and Oshita（2011），大下・加茂（2013），大下（2014b, 2014c）等を参照のこと。

6 ケア・マネジメントにおける課題については，河野（2013）も参照のこと。

コミュニティ臨床論／目次

はじめに··· i

序　章　新しい支援パラダイムの構築に向けて ······················ 1

第Ⅰ部　理　論　編

第1章　ケア実践によるコミュニティの再組織化の基礎理論

·· 17

はじめに·· 17

Ⅰ. 世界生成としてのケア論··· 18

1. ケアの包括性　*18*

2. 世界の生成可能性を目指すケアと期待　*19*

3. Caring for と Caring about　*19*

4. 他者を必要とするケア　*20*

Ⅱ. コミュニティの社会理論·· 21

──マインド，四肢構造論そしてコミュニティの生成的定義──

1. マインドとしてのコミュニティ　*21*

2. コミュニティの四肢的生成構造　*23*

3. ケア実践とコミュニティ生成　*26*

Ⅲ. コミュニティ臨床論の構築·· 28

1. 訴え論　*28*

2. 変容論　*29*

Ⅳ. 小　括·· 41

第2章　ケアの技法とコミュニティの生成（1）················ 43
──ケアの変容段階論──

はじめに·· 43

Ⅰ. コミュニティの変容段階論と技法選択······························· 45

1. 変容段階論　*45*

目　次　　vii

　　2．変容手順と技法選択　　*47*

　Ⅱ．期待概念を取り入れた循環的質問法の再構成……………………*51*

　　1．行為，期待そして意味構成とそれらの規則化　　*51*

　　2．期待の要素と介入の焦点　　*52*

　　3．期待の記述　　*54*

　　4．期待の差異化　　*55*

　　5．期待の構成要素の変容段階と技法選択例　　*56*

　Ⅲ．小　　括…………………………………………………………………*62*

第3章　ケアの技法とコミュニティの生成（2）　……………*63*
　　　　　——ケアの技法類型と選択法——

　はじめに………………………………………………………………………*63*

　Ⅰ．技法の類型…………………………………………………………………*64*

　　1．類型の再構成：構成軸　　*64*

　　2．類型の再構成：期待　　*71*

　Ⅱ．技法の記号表記法…………………………………………………………*77*

　　1．人とものの世界の相互生成としての技法選択　　*77*

　　2．記号表記法と技法論　　*78*

　　3．質問の構成軸（人ともの（io, bi））と期待の変数　　*79*

　　4．期待の差異化の手順と技法選択論　　*80*

　　5．技法の連続的使用法の考察　　*86*

　Ⅲ．小　　括…………………………………………………………………*86*

第4章　コミュニティの生成力学の効果測定論……………………*89*

　はじめに………………………………………………………………………*89*

　Ⅰ．社会構成主義的な効果測定論……………………………………………*90*

　　1．期待の構造と生成力学　　*90*

　　2．変容段階と期待の要素　　*92*

Ⅱ．期待の要素の類型化と測定法……………………………………… 93

1．相互作用のカテゴリーを用いた期待の類型化　93

2．カテゴリー化の手順　95

3．効果測定法　98

Ⅲ．効果測定の適用例……………………………………………………… 100

1．言語行為群とそのカテゴリー化　100

2．期待の要素群とそのカテゴリー化　102

3．期待の構成要素の力動性の測定　109

4．力動性の効果測定　110

5．量的変化　112

6．ミクロレベルのコミュニティの生成力学の効果測定　113

Ⅳ．小　括…………………………………………………………………… 115

第Ⅱ部　実　践　編

第5章　コミュニティ内の支配的期待規則の差異化と

身体症状の変容 …………………………………………… 119

はじめに……………………………………………………………………… 119

Ⅰ．ものと人の世界における期待の変容技法論…………………… 121

1．人とものの四肢的構造と力学，そしてその変容論　121

2．期待の差異化の手順と技法使用法　123

Ⅱ．支配的期待の規則の差異化とコミュニティの再構成の実際… 126

1．事例の概要　127

2．変容手順　127

3．期待の差異化の技法とコミュニティの生成　128

4．結　果　138

Ⅲ．考　察　138

目　次　　ix

第6章　本来的なケアのネットワーク化による
　　コミュニティ内の役割混乱の再構成 ……………… 141

はじめに……………………………………………………………… 141

Ⅰ．役割期待とコミュニティの生成…………………………… 143

　1.「～として」の役割生成　143

　2. 役割期待の相互生成過程　144

　3. 役割期待の差異化の技法とコミュニティ生成　147

Ⅱ．役割期待の差異化とコミュニティ・ネットワークの生成の実際
　　………………………………………………………………… 150

　1. 事例の概要　150

　2. コミュニティ全体における固定的な役割期待の悪循環パターン：
　　評定の大枠　151

　3. 介入計画　154

　4. 問題場面での期待の相互生成力学の評定　155

　5. 介入の手順　158

　6. 介入過程　159

　7. 効果測定とコミュニティの変容　169

Ⅲ．考　察……………………………………………………………… 174

おわりに………………………………………………………………… 177

文　献…………………………………………………………………… 179

用語解説………………………………………………………………… 185

人物解説………………………………………………………………… 191

索　引…………………………………………………………………… 193

序　章

新しい支援パラダイムの構築に向けて

　本章では，本書全体の地図を示してみたい。本書での理論および変容法は，これまでのコミュニティ論と比べ，斬新すぎるがゆえ，提示したフレームワークの理解の助となる概念の整理と，各章についての概略を示してみたい。必ずしも，十分整理できているとは言えないが，この章が読者の理解に役立てばと思う。

包括的ケア

　包括的ケアの概念から見てみよう。今日，包括的ケアの概念は，国内の福祉的な対人支援活動の中心概念に位置付けられている。ところが，この概念を取り入れた対人支援論を考える場合，いくつかの理論及び実践上，見過ごすことができない問題点を指摘しなければならない。たとえば，包括的ケアにおけるケアの概念について取り上げてみたい。従来の包括的ケアにおけるケアは，専門家が，制度化された，専門的なサービスをマネージするという，方法としてのケアであり，統制論的に語られる。そこでの人は，専門家もクライアントも，どちらもモノ化（対象化）されている[1]。

　それに対し，ハイデガーによって論じられているケア論は，存在論の視点からのケアであり，そこでの人は世界内存在[2]であり，日常性に埋没せず，可能性へ開かれた存在として定義されている。ハイデガーのケアは，ドイツ語の‘Sorge’で，それは英語では care として翻訳され，同時にそれは「気遣い」と邦訳されている。それは，もの（環境世界）へのケア（Besorgen；配慮）と人へのケア（Fürsorge；顧慮）として説明される（小林 1987）。上記のサービス（もの）群と人との関係を，‘Besorgen’の概念で説明するならば，人が，制度化されたサービスへのさまざまな主体的な関係行為を選択

し，それらを通してものを自らの世界の内において，有意味な道具連関として構成していく関係性である。実践に置き替えて説明するならば，たとえば高齢者が，福祉用具の貸与サービス（もの）を利用することで，自己の有限性を理解しつつ，さまざまな他者やものへの関係行為を独自に試み，そこから自己の可能性を引き出す（ものを自らの生活の糧として用材化する）力を強化していけるならば，そのサービスは，高齢者にとって有用なものとして高齢者の世界内の道具となる。さらにこのようなものとの配慮的関係性の中で，それを介して出会う他者（ここでは支援者）との関係性は，顧慮つまりケアの関係となる（Heidegger 1962）。このように，彼のケア概念は，常識的かつ制度化された人間観への批判的考察の中で提示される，対人間の関係の本来的あり方を示す概念である。そしてそれは，人が世界に存在するために不可欠な，他者の世界構成の実践に対して，「気を遣う」態度および行為を意味する。

　このように，従来の統制論的に語られるケアの定義と，他者の世界構成の可能性へ開かれた，生成的なケアの定義に依拠した場合では，構成される支援論の体系は全く異なるであろう。本書では，後者のハイデガーのケア論を哲学的な基礎として，統制論的に述べられるケア論とは異なる生成的視点からのケア論に基づく支援論の体系を論じる。

　さらに，包括的ケアの包括（性）という用語について考えてみたい。従来の包括的ケアにおける包括という用語は，マネジメントと結びつけられて使用される諸ケア（制度化されたサービス）の体系を意味する。しかしハイデガーのケアの概念に依拠するならば，ケアの概念は，すでに包括性を有している。ハイデガーのケア概念では，人は，自らの身体および物理的環境全体について，その意味構成や差異化の行為を試み，可能性を具現化し，新たな世界を構成し続ける。つまり，自らを中心とする世界構成を放棄し，他者たちの世界生成の実践に「気遣う」存在様式が，人の本来的なあり方である[3]。言い換えるならば，「気遣い（ケア）」は，他者の存在全体への気遣いであるがゆえ，ケアは，そもそも包括性を有する概念と言えるのである。包括性を含有しているケアの概念に，わざわざ包括的という形容詞を結びつけると，包括的な（包括性を有する）ケアという，奇妙な概念になるのである。この

点から本書での包括性は，自他の世界構成の可能性への試みが相互につながる全体を意味し，特にそれを強調する場合，ケア実践という用語を使用する。

　加えて，既存の包括的ケア論が想定する，精神とものとの二元論への批判的吟味がなされなければならないであろう。既存の包括的ケア論では，世界は，ものと精神に二分化されている。たとえば，実践において，クライアントの生活世界における不足の資源（もの）を補うために，サービス支援機関のリストの中で，その充足に最も適切な機関を選び，つなぐという手法が取られる。ここでは，クライアントの生活世界が，諸ものを実在化させた世界とみなされている。それゆえ支援者は，諸ものの不足を評定し，それを補うために，実在化された資源を導入する活動を支援活動とみなす。ところがこのように，ものの実在性に基づく世界を，ケアを提供する前提とする場合，関与できる対象が限定される。たとえば，身体への関与は除去されなければならない。なぜならそれは医学の実践対象とされているからである。医学の近接領域である理学療法等での身体への関与ももちろん除かれる。心の領域は，心理療法の関与領域としてあらかじめ除外されている。それゆえ，ケア・マネジメントの実践者にかろうじて残されるのは，サービス機関についての情報の所有者としての自己定義と，その実践を固有な職業上の実践として語ることのみになる。つまり，世界を諸ものとして実在化させた場合，支援における最も重要な難点は，人が試み続けている世界構成の可能性へのケアが不在となる点である。そしてこの二元論に依拠するならば，不足する物理的なものについての充足的支援は，ものの充足でしかなく，対人的世界での人の適応の改善のメカニズムの説明と結びつかない点も指摘しておかなければならない。ものの世界が単独で実在するとか，あるいは人の行為や意味構成作業に焦点を合わせ，それらが実在すると論じる，ものと精神を二分化した実践の前提は，虚構である。それゆえ本書では，人とものの情報還流一元論が，ケア実践の理論的な土台とされる。

コミュニティ

　本書では，従来の社会学におけるコミュニティ理論[4]に触れつつ，ケア概念を土台にした，新しいコミュニティ理論が論じられる。これまでのコミュ

ニティ論では，「地域性」と「共同性」がキーワードとされてきた（角 2008）。高度経済成長期には，地域での共同性という構造と力学の変容が展開した。そのなかで，松原は，「精神的共同性」を回復し，「生活防衛上の機能的共同化」を図る力を育成する「あるべきコミュニティ」の定義を提示した（松原 1978）。これは国による施策でその実現が求められる「べき」としてのコミュニティであり，この定義に基づくコミュニティの再組織化は，マクロレベルでの生活環境の整備として有効であったが，個々の住民の多様な生活環境においては，地域性も共同性も多元化するため，その効力は曖昧であった。

　角は，課題ごとに解決のための組織化が試みられる開放的な「コミュニティ・モデル」（奥田 1983; 30-31）を提示する一方で，その課題として，リーダーの下という保持する権力の差異を前提とする指導論を挙げる（角 2008）。これは，コミュニティを問題解決のシステムとして捉えるが，その相互性のメカニズムについて言及がなされていないことを意味する。つまり，これからのコミュニティ論は，相互生成論へと切り替える必要がある。なぜなら，複合的な心理社会的問題が産出している今日，普遍的な解決法の作図により指導者と住民の間の権力の差異を軸にして，指導者が住民に対し指導するのは困難だからである。構成員間相互で問題ごとにその解決策を生成するという，コミュニティの組織化の方法が，現実的な手法となる。

　この問題解決の相互性は，ケア概念と結びつく。人は，被投された世界（他者やものを含む）への企投（ケア）を通して，次の世界を作り出す。それは，他者へのケアなしに，人は自らを構成することはできないことを意味している。この他者の生成に対して貢献することで自らを生成するという，世界構成の相互生成の力学と構造論が，本書でのコミュニティの基礎的定義である。言い換えるならば，ケアの交換的な実践場面としてコミュニティが定義されるということである。

コミュニティの組織化論

　次にコミュニティの組織化（ワーク）論[5] の前提に考察が加えられる。現在の国内のコミュニティ・ワークの中心は，ケア・マネジメント実践であ

る[6]。ケア・マネジメントは，問題解決法の組織化と契約という方法で，上記の2つの流れを統合する機能を果たすことが目指された。しかしケア・マネジメントの実践場面は，市町村区画で線引きされた区画（行政区分的コミュニティ）においてであり，その住民に対してケア・サービスをマネージし，望ましい「健康」管理体制のシステム化を目指す統制的活動となっている。つまり，このケア・サービスのシステム化の前提は，医療福祉の専門家による，望ましい健康状態への住民（クライアント）の規格化と言える。これは，ケア・マネジメントを主軸とした従来のコミュニティ・ワークでは，専門家がクライアントに対し優位な関係で，「健康」という望ましい状態への管理統制を拡大するサービス・システムの構築活動に陥っていることを意味する。それゆえ精神とものの二元論に加え，線引きされた区画内での活動を，無批判に受け入れる点，またマネージ及び管理統制するという専門家上位の立場を信じる点，そしてケアとマネジメントという異質な概念を，安易に結合させている点についての再考が求められる。

　それに対し，ハイデガーのケア概念に依拠するならば，新しいコミュニティ組織化論では，支援者とクライアントそれぞれが有する権力の相違という従来の前提を否定する[7]。そして支援活動において，人（クライアントのみならず支援者も）は，他者の世界構成の可能性に向けた企投，つまりケア実践を試み，さらに他者からケアされることによって，人となることができるという，他者による人の構成論を前提とする。ここで，外部の視点から，問題解決に苦しむ3人システムというミクロな対人コミュニティを想定してみよう。ハイデガーのケア概念を受け入れたソーシャルワーカーは，自らを，コミュニティの構成員それぞれのケア実践の復元を試みる一構成員として定義するだろう。そのソーシャルワーカーは，システムの各構成員が，解決可能性を有していることへ関心を向け，そしてその可能性の実現に貢献することを自らの職務と考え，そのために固有の技法つまり差異化の技法を用いるであろう。その関与に対し，あるコミュニティの構成員は，自他の関係性の中で，新たな潜在的なケアを顕在化させる（支援者のケアとクライアントの新たなケアがつながる）だろう。そしてそれは，コミュニティの他の構成員の一層のケア実践を引き出す力学へとつながるであろう。むろん支援者もそ

のケア実践により新たな支援の地平を与えられ，新たな実践主体として生成する。このように，本書でのコミュニティの再組織化の前提は，システムの構成員間（支援者も含む）でのケアの交換群の差異生成のネットワーク化である。それは，自らを構成する文脈である他者たちの世界構成の潜在的可能性の実現に貢献する，自らの本来的なケア実践が，コミュニティの構成員の新たなケア実践の浮上につながり，それがコミュニティ内の課題解決過程の生成につながるようなケア実践のネットワーク化が，コミュニティの再組織化の実践となる。

コミュニティ支援の基礎理論

では，コミュニティの再組織化を実現する支援法とは。これは，支援の原則，支援過程そして支援技法さらに効果測定という実践的理論をめぐる議論を必須とする。ハイデガーによるケアの定義は，あくまでも存在の基本的様態を提示する哲学的基礎理論である。それを支援場面に使用するためには，臨床理論へと変換する手続きが必要である。ここでケアの相互性の概念は，行為選択や期待[8]そして他者の行為への意味構成として，変容活動に不可欠なトランスアクションを説明する臨床的な用語に翻訳される。

ケア実践は，謎である他者の固有な活動に貢献する差異の情報伝達である。ここで，ケアの概念は，情報理論の中心的な概念である，差異の概念と交差する。それでは，差異とは何か。ここでの差異は，ベイトソンの述べた差異である（Bateson 1972, 1979）。他者への気遣いは，既存の行為選択規則や意味構成の規則を差異化できない他者に対し，新たな世界構成の生成活動へと進めるような働きかけと言える。新たな世界を生成するのはあくまでも他者であり，その生成力学は気遣うものにとっては未知である。それゆえ，彼・彼女らの構成に貢献する情報は，構成力学を強化する差異にしか過ぎない。これは，ベイトソンのサイバネティクスの認識論[9]によるケア概念の再構成である。

本来的なケアの実践は，他者からの反応の期待を伴う行為，つまり，期待の伝達行為と言い直すことができる。他者はこの期待を伴う行為に対して固有の差異的構成を加えるであろう。そしてその期待の意味構成は，別の他者

序章　新しい支援パラダイムの構築に向けて　　7

（この場合は最初の送信者）への期待の伝達行為，つまり差異としての情報を伝達する。このようにケアの還流は，差異情報としての期待の伝達行為とその意味構成の還流過程として再構成される。

　この還流過程においては，均衡と動態が繰り返され，規則群の安定と変容が持続する。この繰り返しの過程において，人は安定化した規則に慣れ親しみ，つまりそれを文脈として，安定して言語行為や意味構成を試みる。そこでは，安定化を妨げる情報は排除され続け，意識下に沈殿する。しかしながら，意識下のそれらの情報は増大し，復元力を蓄える。つまり，安定した構造は，常に変化の力を内包している。

　ベイトソンの差異論に依拠して，社会システム内での情報還流過程を，相互に生成し続ける重層的意味の構造と力学と水平的な言語行為の交換過程から詳細に論じたのが，クロネン（Cronen, V. E.）たちの CMM（Co-ordinated management of meaning）[10] 理 論 で あ る（Cronen and Pearce 1985, Cronen, Pearce and Tomm 1985）。この CMM 理論の知見をケアの社会理論への変換の手引きとした上で，変化と安定の力としての言語行為と意味構成作業，そしてそれらのパターン化によって生じる行為と意味構成の規則群としての構造という，力学と構造面より臨床レベルでのコミュニティが定義される。この臨床レベルでのコミュニティの社会理論に依拠し，コミュニティ・システムの最小の構成単位である言語行為，期待そして意味構成という要素を差異化（大下 2014a）しつつ，その差異化力をシステム全体の差異化力として波及させる差異化の実践論が，コミュニティ臨床論として提示される。

　しかしながら，クロネンたちの差異論に依拠した社会理論は，ものの世界（身体および物理的なものの世界）の説明力に欠けていた。それゆえ，廣松渉[11] の四肢構造論（廣松 1988）を取り入れ，上記の情報還流システムにおけるケア実践と，そこで構成される世界構造論の精緻化を図る。廣松は，ハイデガーの主張する，主－客の認識構造を棄却した，世界内存在としての人の存在性についての議論を評価しつつも，ハイデガーのものへのケアについて，物象化的錯視に陥っていると批判し，ものと人の「として」の世界構成を詳細に論じている（廣松 1975）。廣松は，ものも他者との関係性の中で，そのつど再生産されると主張する。コミュニケーション過程において，自他

間で行為は生成し続け，その意味も産出され続ける。これは世界内の人への構成の側面である。同時にその過程は，自他間で身体の意味を生成し，物理的なものの意味を生成する過程でもある。廣松の四肢構造論を取り入れることで，この，人とものが情報還流システムにおいて，相互に関連しあって生成され，さらに，それらの規則が産出する構造を説明できるのである。これは，社会的な対象（人およびもの）が，社会的なあるもの「として」，主体が同様に社会的な構成主体「として」，相互に生成することを説明する理論枠であり，哲学的基礎の人とものへのケアとも連結する。他者を社会的に構成する自己の作業は，他者の構成作業を引き出す。そこで，最初の主体は再構成される。この相互生成力学により，人とものから構成される世界は産出され続ける。このケアの相互生成論を社会的相互作用理論に変換した世界生成論が，コミュニティ支援の基礎理論である。

コミュニティ支援の技法論

クライアントの人とものへのケア実践の活性化に貢献する，つまり差異として作用するメッセージ伝達行為（これは本来的なケアである）が，専門家の技法となる。差異として作用する専門家の技法については，本書では，社会システム内で差異の循環的生成を試みるトム（Tomm, K.）の循環的質問法（Tomm 1985）を中心に再構成された技法群を提示する。それらは，クライアントの持続的ケア実践を支える，明確に定義された技法類型を持ち，ワン・ダウン・ポジション（one-down position）[12]から選択される技法群である。この技法群は，上述の社会理論に基づき，より最小化された介入の要素（本書では特に期待）を差異化し，その差異の生成力学をシステム全体へ拡大する過程で用いられる。それゆえ，このコミュニティへの介入活動は，ミニマリスト[13]介入法と言える。

コミュニティ支援の効果測定論

さらに，ミニマリスト介入法による差異生成力を測定する，効果の測定法が示される。測定される変数は，言語行為に伴う期待の構成要素である。この期待の構成要素の差異生成力の変化が測定され，ベールズ（Bales, R. F.）

の相互作用過程の 12 のカテゴリー[14]（Bales 1950）を用いたオリジナルな 3 次元グラフ[15]で図示される。本書での効果測定は，効果の客観的な測定という，従来のシングル・ケース・デザインで示される介入前後の数量的な差異という実証主義的な前提に依拠するものではない。本書で示される効果測定は，あくまでも，局面ごとの人の世界の差異的構成作業（ケア）に貢献する，支援者の見取り図にしか過ぎない。

各章の構成

　以上が，本書での重要概念の整理である。本書は，2 部構成で，第 1 章から第 4 章は理論編で，第 5 章から第 6 章が実践編である。

　各章の構成の概略は，以下の通りである。

　第 1 章の議論の中心は，ケア論を哲学的基礎とした，コミュニティ臨床の基礎理論の構築である。関係者相互のケア実践過程において，コミュニティは生成される。この生成的コミュニティにおける問題は，対人間の情報還流システムにおける現実構成規則のパターン化である。そこでは人とものの両面での行為，期待そして意味構成の変数の局面ごとの差異を生成する力が衰退している。この衰退した差異生成力が活性化する過程が，問題解決過程であり，コミュニティの再組織化過程となる。その臨床理論の枠組みが，ベイトソンと廣松の理論を基に，生成的視点から論じられる。特に，ベイトソンらのダブル・バインド（二重拘束）理論[16]（Bateson, Jackson, Haley and Weakland 1956）で，他者の行為を拘束する力として考察された主体のメッセージの伝達行為を，他者の世界構成の差異化に寄与しない非本来的なケア（期待）と捉え，そこでの期待の差異化，つまり他者を気遣う本来的なケア実践の復元過程としてのコミュニティ生成を論じる。さらに，人とものの四肢構造論（廣松 1983, 1988）を組みこみ，コミュニティの生成構造を説明する。

　第 2 章では，支援者とクライアントの関係において，クライアントのコミュニティ変容を実現するための変容段階論と技法論を論じる。クライアントの本来的なケア実践を活性化する専門家のケアの実践技法は，トランズアクション過程における差異の生成法として名高い，北米カルガリー学派[17]の

循環的質問法（Tomm 1985, 1987a, 1987b, 1988, 2008）[18] を再構成した技法群である。

そこでは，次の世界づくりを意図したクライアントの訴えを，トラッキング[19] という現実構成の単純な枠組みを導入して，具体的な要素つまり人とものへの行為選択，期待そして意味構成として時系列化する技法群が論じられる。クライアントは，世界を再構成する具体的な解決の単位を得て，つまり次のケア実践を差異化（リフレクション[20]）することができる。このように，焦点化された問題解決作業の段階論とその手続きが，期待の差異化を軸に論じられる。

第3章では，支援者のケア実践としての技法の類型と，支援過程で選択した技法の分類法が論じられる。技法の類型は，人とものの世界構成の軸で記号化され，それぞれの具体的な質問例が示される。そして対人間での行為と行為をつなぐ連結棒の役割を担う，期待の分類とその生成例が示される。その上で，変容手順に基づく，人とものの構成軸を，相互に差異化の文脈とした，面接過程での技法選択例とその分類法を論じる。

第4章では，ケア概念に依拠し，他者の世界構成の可能性へのケア実践の要素である期待に着目した，対人間での行為連鎖の生成力学の測定論を論じる。コミュニティを構成する1つのサブシステムのあるトランズアクション過程における，クライアントと重要な他者とのメッセージ伝達過程において，一方の期待の差異の生成は，他方の期待の差異化と連動する。それは，1つのサブシステムにおける差異生成力の活性化となる。1つのサブシステムのトランズアクション過程で活性化した既存の世界から次の世界構成を実現する差異の生成力を，ベールズらの提示した相互作用の12のカテゴリーを使用し，3次元グラフを用いて視覚的に示す。これはコミュニティのミクロレベルの変容の測定論である。

第5章では，IBS（Irritable Bowel Syndrome：過敏性腸症候群）という疾患を有するクライアントが，一般化された他者の支配的期待規則に従った常同的な期待伝達法を繰り返すことで，差異の生成力が衰退していたクライアントのコミュニティの再組織化と技法論を論じる。そこでは，人とものの構成軸を相互に変容の文脈として用い，期待の差異化を試みる過程で用いた技法の使

用法を論じる。つまり，具体的な他者のメッセージに対しクライアントが構成する臭いへの恐怖的な意味構成の差異化を，ものの世界での差異化を文脈に，対人的世界でも増大させるという，ものの世界と人の世界の二軸での差異の生成力の活性化過程が示される。そして，クライアントのコミュニティが再構成される過程で用いられた，専門家の期待の差異化の技法の選択法が，循環的質問法を中心に，第3章で述べた類型化の手法を用いて考察される。なおこの事例は，米国ミシガン大学大学院のガント教授との国際共同研究として実施された研究成果である。米国においては，地域社会の存在を自明のものとして想定し，制度化されたケア・マネジメントを支援の中核と見なす我が国とは異なる，コミュニティを生成的に捉えた支援が試みられている。しかしその米国においても，問題解決力を有する人と人との新たな結びつき，つまりコミュニティの生成過程とそこでの技法使用法の考察は注目される。それゆえ，この事例での支援法は，伝統的な地域社会の根源的な変容が生じ，制度化された福祉プログラムに依拠した旧態依然とした支援方法の限界が顕在化してきている，我が国の社会と福祉的支援の状況への対応を意識した最新の支援法の提示と言えるだろう。

　第6章では，クライアント家族と複数の専門機関がかかわる情報還流システムにおいてクライアントの役割混乱が生じていたコミュニティを，新たな「～として」の社会的役割を共同生成した過程としてコミュニティの再組織化論を論じる。一方のケアが他方のケアの活性化に連動しない，つまり，他者の世界構成の可能性の実現に寄与する期待の差異化力が衰退した過程が複数展開していたコミュニティにおいて，1つのサブシステム（夫婦サブシステム）の期待の要素の差異化を試み，それと同型的な手法を用いて，コミュニティ全体の変容を実現した過程を論じる。さらに，1つのサブシステムにおける期待の要素の差異の生成力学の測定法の実際も示される。そこでは，人とものを含むシステム全体が再構成される，局面での差異生成力の増大が，3次元グラフで視覚的に示され，その拡充によって実現する，ケアの相互生成システムとしてのコミュニティの再組織化の実際が論じられる。また，本章では，新しい多職種チーム・アプローチの方法として，ミニマリスト・チーム・アプローチ[21]が提示される。これは，従来の職種ごとの制度化

されたサービス群の複合体としてのチームとは異なる，クライアントのケア実践の活性化に寄与する専門家のケア実践が相互生成するシステムとしての協働アプローチである。

[注]

1 ハイデガーは，人が存在することを説明する場合，障壁となるのが，このような対象化する人の傾向であることを指摘している（Gelven 1989）。廣松 2001 も参照のこと。

2・3 この点については，細谷（1994a, 1994b）を参照のこと。

4 従来の社会学での地域（コミュニティ）の定義は，結合の様態を軸に区分されてきたと言える。1つの区分法は，自然発生的共同社会，英語表記を用いるならば，コミュニティとしての「ゲマインシャフト」であり，それは，人為的で，個別性を重視する利益社会として，特定の価値や規則を共有する「ゲゼルシャフト」（自助グループ，研究者集団など）と対比される集団区分であった（テンニース 1957）。そして，コミュニティの古典的な研究で名高いのは，マッキーヴァーであるが，彼は，共同性に焦点をあて，統合的で母体的集団を「コミュニティ」と定義し，特定の関心のために構築される組織体を「アソシエーション」と呼んだ（マッキーヴァー 1975）。このように，従来の社会学的研究におけるコミュニティは，自然発生的な共同性を特徴とする結合様態の集団として捉えられてきた。これらはすでに発生したコミュニティの結合様態を区分したものであり，それは実在的な視点に留まるため，新しくコミュニティを生成する実践論を引き出す概念としては弱いのである。

5 上記とは異なる地域理論である「ソーシャル・キャピタル（社会関係資本）」（パットナム 2006）も取り上げておこう。ソーシャル・キャピタルは，地域住民の相互の信頼度，価値規範の共有性，ネットワーク化という3つの資本の相互関係から，地域の特徴を説明しようとする概念である。これは，従来のコミュニティの結合様態に基づく地域の定義とは異なるが，ソーシャル・キャピタルで捉えられている3つの資本は，先の社会学の定義と同様に，本書で述べる動的過程として説明されるコミュニティを，その動きを止めてパターン（安定して繰り返されている行動パターン）として捉えられるレベルでの実在化した資本の抽出である。つまり差異が循環するシステムとしての構造と力学を説明する概念ではなく，それゆえ実践論との結びつきが弱い概念である。なお，パットナムのソーシャル・キャピタルに関する批判的吟味は，北井（2017）を参照。

6 現存するコミュニティへの実践法には，ケア・マネジメント以外でも，この基礎理論とそれから引き出される実践論という，支援法の構築の原則が十分浸透していない。理論化の各水準において，さらにそれらの結合法において，無原則の折衷主義的手法が特徴的である。それゆえそれらは，実践の場面において変容力を有する技法の使用法を提示する力を持ち合わせていない。代表的なも

のに，エコ・システム論に基づくエコロジカル・アプローチや，社会的な抑圧の力への対抗としてのエンパワーメント・アプローチなどが挙げられるだろう。エコロジカル・アプローチは折衷主義に陥っている。個人とその外部としての環境という素朴な二分化に依拠し，独立した個人と雑多な外部の要素を包含する環境との間，つまりエコ・システム内の相互作用の変容という主張は，理論的基礎において，また実践法に関して，あまりに曖昧であり，具体的な変容技法の提示力に欠ける。もう一方のエンパワーメント・アプローチでは，人を抑圧する外部環境（本書で言えばコミュニティ）が一方では想定され，その力としての抑圧を除去することで実現される個人の力（empowerment）として説明を試みている（久保 2000）。そこでは外的な抑圧する力は雑多であり，個人が獲得する力の定義も曖昧で，その強化実践論の理論化の水準は低い。そしてそれは洗練された技法を持ち合わせてはいない。なお，エンパワーメント・アプローチの批判的吟味については，加茂・大下（2001）を参照のこと。

7 専門家の特権的な立場は，社会構成主義的な支援モデルにおいても否定されているが，ここでは，人の存在論の視点から，専門家に求められるのはクライアントに対する応答可能性という関係性（Steiner 1978）である。

8 なおここでの期待は，従うべきとされる規範としての期待ではなく，他者の本来性のケアを推し進めることに寄与する期待である。

9 サイバネティクスは，動物と機械における通信と制御に関する研究分野。ウィナーの著作が有名（Winner 1961 = 2011）。西垣（1991）を参照のこと。

10 生成的社会理論として示された、現実の重層構造論のこと（加茂 1995）。なおCMM 理論を用いたコミュニティ研究については、小川（2014）を参照のこと。

11 代表的な著作に『世界の共同主観的存在構造』（廣松 1972）や『存在と意味』（廣松 1997）など多数あり。これまで直接ソーシャルワーク理論に，廣松の理論が採用されたのは，実践モデルの構築を試みた加茂・大下（2014）らの研究においてである。

12 これは，家族療法において用いられた支援者とクライアントの関係性を示す用語。意図的に支援者が下位のポジションを取り続け，クライアントを上位のポジションに置いたコミュニケーション。

13 ミクロレベルの小さな変化からマクロレベルの大きな変化を作り出す介入法の総称（Miller 1997）。

14 ベールズらの研究により，問題解決過程で選択された行為群を，12 のカテゴリに分類したもの。

15 MMIE（Measurement Methods of Intervention Effects）としてプログラム化されている。

16 ベイトソン，ジャクソン（Jackson, D.），ウィークランド（Weakland, J.）らの研究グループにより，1956 年に提示された。これは，カリフォルニア州のパロ・アルトにある MRI（Mental Research Institute の略）で，入院中の統合失調症と診断された人とその家族の面会時のコミュニケーション過程の研究から導き出された，コミュニケーション過程における論理的パラドックスの生成理論仮

説である。統合失調症の症状の生成を，家族内のコミュニケーション・パターンから説明できる可能性を示し，統合失調症の遺伝的要因説に対抗する説として注目された理論仮説であった。

17 パラツォーリ（Selvini-Palazzoli, M.）らのミラノ学派が発展させた円環的質問法と，ミラノ学派の円環的質問法を土台としつつ，トムらによって北米カルガリーで発展してきた質問法を循環的質問法として区分した。北米ミラノ学派と言うこともある。

18 意味の重層構造における差異の生成技法として体系化された質問法。

19 トラッキングは，ミニューチン（Minuchin, S.）らの構造的家族療法においては，問題パターンを把握するための特殊な技法であるが，本書では，問題としての出来事を構成する要素（行為と意味，期待）を時系列で記述を促す，複数の質問法を組み合わせる技法としている。

20 リフレクションは，ある記述した内容について再構成された（メタ・レベルでの）記述を試みること。自身が言った内容について，その意味を説明するなど。リフレクションについての詳しい論述は，Kamo, Oshita and Okamoto 2014 を参照のこと。

21 同様のチーム・アプローチについては，Oshita 2017, Oshita 2018 を参照のこと。

第Ⅰ部
理 論 編

第1章

ケア実践によるコミュニティの
再組織化の基礎理論

はじめに

　本章では，ハイデガーにより提示された，人とものへのケアの概念を哲学的な基礎とし，ベイトソンによる情報理論を基に示された，かかわり合う人たちの間で作られる力動的な過程としてのマインドの概念（Bateson 1972; 130）に，廣松渉によって論じられた，人とものの四肢構造論を取り入れた生成的な社会理論を提示する。この理論的枠組みに基づき，人とものの両構成軸でのケアの相互生成過程として，コミュニティの臨床論が論じられる。

　以下では，まず従来の医療分野を中心として述べられてきた包括的ケアの概念が，ハイデガーのケア概念とは異なる概念であることを，「ケアの包括性」，「世界への企投としてのケア」，「Caring for と Caring about としてのケアの両構成軸」そして「他者を必要とするケア」の4点から論じてみたい。

　次に，コミュニティについては，従来の実在的コミュニティに対して，他者の世界生成の可能性の実現に貢献する構成員相互間での情報，とりわけ期待の情報還流システムとしての生成的コミュニティを論じる。このコミュニティにおいては，トランズアクション過程における意味構成や行為選択の規則化と，その構造化が新たな還流の力動性の文脈として作用する。つまり，生成的コミュニティは，差異が持続的に生成するシステムであり，構造化の過程で廃棄された情報が，新たな構造化への差異として作用する，サイバネティックなメカニズムを有するシステムである。一般的にサイバネティクスは，均衡を前提として説明される概念であるが，常に差異の情報を処理し続ける循環を説明する概念でもある（西垣 1991）。本書では，後者の意味でサ

イバネティクスの概念を用いる。

このサイバネティクスにおける差異の生成とケア実践が，構成員による他の構成員の差異的な世界構成へ貢献する言語行為と結び付けられる。つまり，ケア実践は，構成員相互間で展開する情報交換過程を作り出す。このケア実践の交換の力学と構造が，本書でのコミュニティの構造と力学である。本書でのコミュニティ概念は，このようにケア実践を差異としての情報として読み替えることで成立する新しいコミュニティ概念である。

そして本書で示す生成的コミュニティの社会理論は，このベイトソンの情報還流システムの構造と力学を土台として，廣松の四肢構造論を取り入れ，より精緻化した社会理論として提示される。この新しいコミュニティの構造と力学は，構成員が，相互に他の構成員およびものに対してケアを試み，それらに対し「～として」の社会的な意味を付与し，また自らを固有の社会的役割[1]遂行者「として」形成する活動，つまり主体間のケア実践過程から生成されることが説明される。

最後に，コミュニティの臨床論が示される。上記のコミュニティの社会理論で示した，それぞれの「～として」の差異化の構成力が衰退する事態が，コミュニティにおける問題発生のメカニズムとして定義される。それは，ネガティブ・フィードバック[2]の過剰な作動とも言える。それゆえコミュニティの再組織化は，「～として」の人とものが新たに生成する差異の増大過程においてもたらされる。その差異は，対人間での情報還流のフィードバック・ループの構成要素である，行為選択，期待そして意味構成の差異であり，特に行為と行為をつなぐ期待の差異の増大過程が論じられる。

Ⅰ．世界生成としてのケア論

1．ケアの包括性

まず，本書でのケアの概念が，日常慣れ親しんでいる制度化されたケアとは異なる点を明らかにしておきたい。本書でのケアは，ハイデガーが述べたケアに依拠した，人の存在に関わるケアである。

第1章 ケア実践によるコミュニティの再組織化の基礎理論　　*19*

　ハイデガーは，現に存在する者それぞれが相互にかかわり，人とものの意味を産出し続ける過程をケアと名付けた（Heidegger 1962）。ハイデガーは『存在と時間』において，ケアは，世界の中に投げ込まれている人（世界－内－存在）が，次の世界の構成可能性を目指して生きる様態として論じている。つまり，投げ込まれた世界内存在に留まることなく，次の存在になる可能性に向けられた，世界の人とものに対する関心がケアなのである。人が制度化されたサービスに依存し，新しい世界づくりへの企投を放棄する事態は，日常性に埋没した頽落^{たいらく}として否定され，非本来的な在り方とされる。それゆえ本書でも，既存の制度化されたサービスをあてがわれ，その枠内にとどまる活動（支援者の活動を含む）は，差異化の力学が衰退した活動として位置付け，人の本来的な在り方としてのケア実践とは区別する。

2．世界の生成可能性を目指すケアと期待

　ハイデガーのケアの概念は，自らの置かれた世界から，人とものの両構成軸から，新しい世界の生成可能性へ，一歩抜け出す企投を意味する。そこでは，主－客二分法は棄却されている。常に人は，他者とのかかわりにおいて，次の何かになっていく存在である。またこのケアは，開かれた可能性に向かう他の存在（人ともの）への手助けとなる試みでなければならない。そして他の存在の現れは，ケアする側の主体からは，計算を超えた独自な現れである。それゆえ，ケアするとは，別の何かになりうる可能性への期待，つまり差異化への受動的なかかわりと言える。

3．**Caring for** と **Caring about**

　ハイデガーは，人が新しい世界の生成可能性へと進むケアを，人へのケア（Fürsorge）とものへのケア（Besorgen）に区分している。Fürsorge は英語では Caring for ないし Solicitude と翻訳され，Besorgen は Caring about あるいは Concern と翻訳される。人は，世界を構成する人とものに対し，そのつどケアを試みる。たとえば，ハイデガーの例を用いるならば，釘を壁に打ち付けたいとき，人はハンマーを使って目的を達成する。釘とハンマーは，人が新しい世界の生成可能性へと進むケア実践により，関わり合う用材とな

り，人の世界構成内に位置づけられる。ただし，ハイデガーのケア論は，単独者としてのケアであり，相互生成過程の説明は弱く，また廣松が指摘するように，もののケアにおいても，そのつどの構成としての視点が弱い点は指摘しておきたい。

4．他者を必要とするケア

　ハイデガーのケアは，常に他者の存在を前提としていることを強調しておく。他者の存在をケアすることは，他者と受身的な関係性を持続することであり，他者は管理統制の対象になることはない。

　人のこの本来的な在り方は，専門家とクライアントの関係においても適用される。従来の枠組みでは，専門家にとってクライアントは，制度化された社会サービスの利用を勧める対象とされる。それは，クライアントを，サービスのシステム化に必要な対象に位置付けてしまう活動になる。これは，非本来的な在り方と言える。常に支援者にとって他者であるクライアントは，予測不可能な独自な現れである。そのようなクライアントに対し，支援者が試みることができるのは，クライアントの差異化の可能性に向け，自らを企投する実践である。それは，クライアントを特定の疾患や問題を有する人「として」固定化し，それへの紋切型の関与を試みることではなく，また実在化されたサービスの効果を前提として，それらをクライアントにあてがう実践とも異なる。

　では，本書での本来的なケアの概念に基づくケア実践は，従来の包括的ケアとどのような点で異なるかを例示してみたい。

　たとえば，さまざまな身体症状を訴え，不調を訴える身体の部位ごとに，専門の医療機関を探して受診し，各病院で処方箋を出してもらい，大量の薬剤を毎日飲んでいるクライアント（以下，Aとする）がいるとしよう。Aは，職種にかかわらず専門家に会うと，「○○が痛い」と身体の不調が改善しないことを訴える。

　従来の包括的ケアに従った専門家の実践は，Aが訴える不調の身体の部位に見合う病院をリストから探し，受診を勧める。そこでは，Aの身体も，受診を勧められる病院も物象化されている。それは，専門家からAへの「制

度化」されたケアの提供である。このような実践においては，Ａは管理可能な対象とされ，予測不可能な独自な現れとしてケアされることはない。本来的な在り方としてのケア概念に基づくならば，専門家のケアは，訴えの背後で潜在化しているＡが構成しうる世界の生成可能性へ向けられなければならない。Ａの身体症状の訴えは，身体の説明に留まらない，Ａ自身やＡの周囲の人やものの存在の可能性へと向けられた企投である。それが何であるかに関心を向け，その可能性の実現に貢献する活動（質問）を試みることが，支援の前提条件である。この本来的なケア実践なしに，支援者の活動は存続できず，そして支援者として，生成し続ける力をクライアントから付与されることもない。

　このように支援活動においても，ケアは相互生成的である。

Ⅱ．コミュニティの社会理論
——マインド，四肢構造論そしてコミュニティの生成的定義——

　上記のケアの概念を哲学的基礎として，生成的コミュニティの社会理論を以下では論じてみたい。

　ケアの相互生成論が本書での哲学的基礎である。しかしながら，この視点はあくまで支援論の哲学的基礎であり，具体的な支援活動においては，社会理論や臨床理論の用語に置き替えて考えなければならない。本章では，ケア概念を土台にして，ベイトソンが論じた情報環流システムとしてのマインドに，廣松が論じた，人とものの四肢構造論を連結させた社会理論が構築され，人とものへのケア実践と差異の概念が結び付けられる。さらにそれは，他者への行為，期待そして他者の行為への意味構成として，対人的なトランズアクション・レベルの説明力を有する諸概念へと組み替えられる。

1．マインドとしてのコミュニティ

　ベイトソンは，世界の説明方法として，物としてのエネルギーに基づく力学モデルとは異なる，差異概念に依拠する情報モデルを提示した。まず，ベイトソンの提示した差異の概念について押さえておこう。ベイトソンは，情

報についての情報を差異として定義した[3]。たとえば，エア・コンディショナーは，ある室温（情報）を，設定値を基準に測定し（差異としての情報），その情報をもとに対処の指令（より高次の情報）をシステム内に流す。このように情報についての情報が差異である（Bateson 1972; 130）。

別の例を取り上げてみよう。車の自動制御システム（センサー）は，前方の車との距離に関する情報を収集する（情報）。そこで収集された情報は，一定の距離になると，「危険」として処理する（差異としての情報，レベル1）。この「危険」として処理された情報は，次のエンジン制御システムに，「止まれ」の情報として変換され，伝達される（より高次の情報，レベル2）。そして車のスピードが，制御される。その情報は，前方との車間距離が，一定程度離れる（差異としての情報）ことで，「危険」としての処理を中止する（より高次の情報）。その情報は，エンジン制御システムへの「作動」としての情報に変換される。

この差異概念は，対人間における情報処理では重層的に展開する。他者のメッセージ伝達行為つまり情報は，「～として」社会的意味へと変換される（差異としての情報）。その差異は垂直的ループ[4]における高次の関係性定義の差異の力を作り出す情報（上向きの力 upward force）へと変換される。そしてこの関係性定義の変化は，対人的なメッセージの循環過程（水平的ループ）に対して，次の行為選択の文脈（下向きの力 downward force）として作動する。

このような垂直的ループにおける差異の生成の力学の活動化または衰退の循環的力学は，2つのフィードバック・ループの概念を用いて説明される。前者は差異が増大するポジティブ・フィードバック・ループであり，後者は，差異が減少するネガティブ・フィードバック・ループである（Constantine 1986; 58-64）。1つの情報処理システムは，情報に関する情報を差異として処理するこの2つの循環力学を有するシステムである。各段階での差異としての情報が，既存の情報処理システムへの差異として機能し（ポジティブ・フィードバック・ループの作動），時間的経過とともに新たな情報処理システムが安定化する（ネガティブ・フィードバック・ループの作動）という，フィードバック・ループ群において，システムの特定の機能が持続

第 1 章　ケア実践によるコミュニティの再組織化の基礎理論　　*23*

するのである。

　このベイトソンのマインド理論には，以下の 3 点の課題がある。最も重要な問題は，自らを生かすための情報伝達が，他者の世界構成の生成に貢献する限りにおいて，システムは生成するという，ケアの相互生成論的な視座の不在である。この視座を加えることで，有名な二重拘束的事態の生成は，ケアの相互生成力が衰退した事態と読み替えることができる。

　そして，パターン化論に陥っている点である。対人的システムにおいては，理念型として描かれた二重拘束の事態とは異なり，それらの活動や規則は，生成され続けるシステムと捉えなければならない。たとえば，親子関係においては，それぞれの世界構成規則は，コミュニケーションを持続する過程で，生成を続けているのである。ベイトソンらの理論は，人間のコミュニケーション過程のパターン化論（規則化論）であり，動的過程をある場面で切り取って顕在化させた均衡的な力学の説明論である。あくまでも情報還流システムは，差異化される力学が優位であり，パターン化から排除された差異が生成し続けることを前提として，言い換えるとケアの相互生成的差異化が発生し続ける力学の視点から，システムは捉えられなければならない。

　最後に，ベイトソンは物と物との間で情報が還流するシステムも含めてマインドと見なしたが，人とものの世界をそれぞれ「～として」と構成する差異の構成軸のフィードバック・ループの理論化には至っていない点である。もの抜きには対人的コミュニケーションは成立しない。この点は，ハイデガーのケア概念の 2 つの構成軸の理論化としても重要な点である。以下では，この点について廣松の四肢構造論を用いて論じてみたい。

2. コミュニティの四肢的生成構造

(1) 四肢構造論とコミュニティの構造

　廣松によれば，社会構造は，四肢的構造として説明される（廣松 1988）。廣松は，ハイデガーが従来の主－客の認識構造を超越して，世界の構成をケアとして論じた点を高く評価した上で，ものへのケアについては批判的に論じ，四肢構造論として論じなおしている（廣松 1975）。そこで，廣松が論じた四肢構造論を取り上げてみたい。廣松は，人が社会的交流過程において，

社会化された主体として形成され，かつ対象が社会化された人および物として形成されるメカニズムを，四肢構造論として詳細に論じた。その四肢構造論は，人とものの構成構造と力学について固有の循環的な相互作用の視点から理論化されている。彼は四肢構造を次のように説明する。

　　認識主観が人称的な〈能知的誰某〉とイデアールな〈能識的或者〉との二肢的二重態であり，〈所与的資料〉に向妥当する〈形相的〉認識契機たる〈意味的所与〉を対他・対自的に対妥当せしめつつ間主観的に整型化することを通じて，人称的能知が間主観的に同型的な認識主観たる〈能識的或者〉相へと自己形成を遂げる能動的な四肢連関に俟ってである（廣松1997；261）。

　この能知的誰某とイデアールな能識的或者，そして所与と対象の意味構成は，期待される行為の遂行そしてそれらの意味を構成する過程において，「コンジャンクティヴ」（廣松 1988；162）に生成する。それは，2人の主体が相互作用的な役割遂行過程において，役割行為の遂行者および規則の保持者「として」互いを形成し，他者とそれに付随するものを，社会的意味を有するあるもの「として」形成する，二重の「～として」の世界構成過程である。例えば，主体（親）が，子どもへの行為や期待，そして認識に関するコミュニティ内の共同主観的な規則を受け入れ，実践するとしよう。その過程で，その主体は〈能識的或者〉，つまり親「として」社会的に形成される。同時に所与である子どもの行為あるいはその行為に伴うものは，主体によって「～として」認識され，子どもとものについての意味のシステムを形作る。子どもも同様の規則を身に付け，親「として」他者を認識し，親とものを含む意味のシステムを構成する。

　そこでは，超越論的な階梯の主体は不在である。行動によって「として」の役割主体が生成し，またサブシステムごとに構成される「として」の役割行動は異なるがゆえ，主体は社会的役割規則の束あるいは動的にはその実行群と見なされる。言い換えるならば，主体は他者への期待や他者の行為の意味構成が還流する，つまり社会的役割の交流が展開する社会的システムある

いはそのサブシステム内での，1つの変換ポイントに過ぎない。

　上記の親子の例で言えば，主体の行為や期待そして認識がコミュニティ内で共同主観的に生成される規則，つまり役割規則に従う活動として論じられる。さらに対象は，それらの規則に従う役割行動によって生成され続ける。主体のこの行為や認識の二肢的生成論と対象つまり人とものの社会的な物としての二肢的構成論は，社会的行為が二重の生成過程であることを論じている。

　そして，社会システム内（コミュニティ内）では，この四肢構造化の過程においては分節化が生じ，それらのサブシステム間の力学は，軋轢の可能性を孕む。つまりコミュニティは，「錯構造体」（廣松 1988：214）と言える。

(2) コミュニティの構成論とその課題

　情報伝達者の規則に従う人とものへの行為とそれに随伴する期待，同じく規則に従う情報受信者のそれらの意味づけ，そして行為主体間で「〜として」の社会的世界を構成する，つまりコミュニティ生成の構造と力学とを説明する諸概念である。

　そこで，ベイトソンのマインドの概念に，廣松の四肢構造論で述べられた，主体と構成対象である人とものを新たに構成変数として読み込み，ポストモダニズムの専門用語である差異概念を用い，一歩進んだコミュニティ理論の構築を試みる。つまり本章では，新しいマインド理論に基づき，規則に従う主体間での，他者および他物（もの）の相互生成過程としてコミュニティの生成論が再構成される。

　ここで，廣松の規範論における課題も指摘しておきたい。それは，四肢構造論においても構成員間での規則の一致論，それゆえ規則に従う行動が作り出すパターン論の特徴があり，差異論が弱い点である。彼は，コミュニティを「錯構造体」とした上で，たとえば階級対立などは，システム内部の安定した構造を有するサブシステム間の矛盾を表す概念として使用している。つまり，規則はあくまでも共同主観化される規則であり，そこでの行為は，規則に従う行為である。それはベイトソンの二重拘束理論に見られる，均衡論的色合いと同様である。この対人的システムにおける規則生成の理論化が弱

い点については，ベイトソンと廣松の両理論において，さらなる考察が必要な点である。

3．ケア実践とコミュニティ生成

(1) 差異とケア実践

　本書でのケア実践は，上記のベイトソンと廣松の両理論における均衡論の課題を克服する，差異化の力として機能することを述べておきたい。つまり，ケアは人が試みる，他者の行為選択への意味構成（情報についての情報），そして他者に向けての自らの行為選択（他者にとって情報についての情報の伝達），そしてそこでのものへの関与法，さらに期待という変数群が，《○○するためにある》「として」，いくつもの意味的世界の差異的構成と連関付けられる。

　支援者とクライアントの関係は，同様に人とものをめぐる二層的コミュニケーション過程において，相互にケアを実践する関係である。新たなケアを主体的に浮上させたクライアントは，その活動つまりケアを，クライアントが関与する複数のシステム群において試みる。そして，エコロジカル・システムの構成員たちとケアの相互生成過程を作り出す。このような活動を生み出す支援場面での支援者の役割行動は，クライアントに対して，重要な他者に向けての行為全体（メッセージ伝達やそれに伴う期待），さらに他者の行為全体への意味構成法の自己生成を，ワン・ダウン・ポジション（one-down position）から励ます，差異化の引き金を引く可能性を有する他者になる行動である。

(2) 規則の重層的生成論と期待

　人は，規則に従って行動し，その意味構成を企てるのだろうか？　あるいはむしろ規則が，人の世界構成の企投の文脈として作用するのだろうか？反対に規則は，実際の企投，つまり行為選択，期待そして意味構成を文脈として存立するのだろうか？　規則と実際の世界の構成作業間には，構成力の優位性は存在しないのか？　以下，この点についてケア実践を軸に考察してみたい。

ある文脈，たとえば自他の関係性定義の規則を取り上げると，それは，伝達された行為の意味構成に強く作用するであろう。あるいは，ある行為の意味構成の変容は，関係性定義の規則の差異化の文脈として作用するであろう。このような，意味構成を軸にした社会システムでの差異の還流力学を，クロネンたちは文脈論で説明した。これは CMM 理論（Cronen and Pearce 1985）として提示されている。彼らの文脈論は，重層的な意味の構造の要素，行為，出来事および関係性定義の規則群が，それぞれ他の要素の規則生成の文脈として作動するメカニズムの理論であった（本章図 5 参照）。他方，構成員による行為の遂行は，受け手の意味構成とつながり，意味構成は次の行為選択の文脈として作用する。この水平的なトランズアクション過程においても，行為とそれらの意味構成のそれぞれが他の構成要素の文脈として作用する。このように，クロネンたちの重層的意味生成論を取り入れた水平的社会システム生成論は，文脈論的な差異生成論となる。つまりコミュニティは，対人間の情報還流システムにおいて，人とものをめぐるメッセージ伝達と期待，そして意味構成に関して差異を生成し，各変数とそれらの規則を要素とした構造化が，連続的に生成する過程として理論化される。このように，規則優位に行為や意味が決定されるのではなく，トランズアクション過程において，相互依存的に規則と局面ごとの行為や意味が作りだされる。

　ここで廣松が社会生成過程において期待を重視したように，あるいは期待という命名はなされてはいないが，ベイトソンが言語メッセージを理解するとき同時に伝達される非言語的メッセージがその理解法に対して作用する力を明らかにしたように，トランズアクションを生起させ，維持させる力として，期待の概念に注目してみたい。この期待は，トランズアクションの文脈で生起する。期待は，規則の相互生成と同様に，トランズアクションの相手に対する，メッセージ内容の理解方法の期待と反応の期待の両面とその規則化として捉えることができる。

　たとえば，「おはよう」というメッセージ伝達行為には，2 人の関係を円滑に進める言葉として受け止めてほしいというメッセージ内容の理解（s[em]；s は行為全体，em は expectation of meaning の略）への期待が込め

られている。そして，そこでは他者からの友好的な非言語的メッセージを含む「おはよう」という反応の期待（s[es]；es は expectation of speech act）も含まれているだろう。この両面を有する期待の伝達は，受け手の意味構成の差異化を促す情報となり，応答としての行為を引き出す誘因力，あるいは連結棒のような役割を担う。これまで意味構成法の差異化の議論は，筆者らの一連の先行研究において深められてきたが，この期待の差異化については，ほとんど言及してこなかった。それゆえ本書では，送信者の期待の伝達の差異化を軸にして，受信者の期待の意味構成やメッセージ伝達行為に伴う期待の差異化を，トランズアクションにおける差異の生成力を活性化させる変容論として論じる。

Ⅲ．コミュニティ臨床論の構築

ここまで論じてきたケア論とコミュニティ生成論を支援の場に引き寄せ，「訴え論」，「変容論」，「変容段階論」，「技法論」そして「効果測定論」を柱にした臨床理論を論じてみたい。

ただし，「変容段階論」，「技法論」および「効果測定論」の詳細な議論は，ケアの実践とかかわらせて，第2章〜第4章で詳しく論じられる。

1．訴え論[5]

クライアントの訴えは，問題を解決しようと次の世界構成の可能性への関与を試みるにもかかわらず解決できない，つまり新しい世界の構成が実現しない事態「として」構成された世界についての語りである。それゆえ，それが客観的事実であるか否かを判定する作業は，無意味な作業である。クライアントは，トランズアクション過程で入手する原材料（メッセージとしての情報）を整合化し，訴えとして構成する。訴えは，一方では，解決力を有していないと見なす自らの認識方法や行為選択法についての語りである。しかし他方では，廣松の四肢構造論の枠組みで言うならば，訴えは，他者との間で共同生成した世界内の人とものをそれぞれ問題「として」構成する規則に基づく語りと言える。そして，クライアントの訴えは，自らの四肢構造（「〜

として」の構成法）の変換を希求していることを伝達するメッセージ伝達行為でもある。つまり，クライアントが支援者に問題を訴えるという行為は，問題の記述を試み，その解決を試みるクライアントの積極的な現実への関与法，つまりケアと見なされる。

それに対する支援者のケアは，クライアントの訴えを励まし，その行為を肯定的に評価する（受容的）態度と言語的メッセージの伝達（コンプリメントなど），そして，クライアントが新たな世界を構成する差異を浮上させることに寄与する質問法を選択することである。その質問法の選択においては，メッセージ伝達の局面ごとの行為全体，期待そして意味構成が介入点となる。これらのクライアントの訴えへの関与法は，クライアントを逸脱的な社会的役割行為の遂行者から，解決行為者へとその位置付けを変化させることになる。

2．変容論

(1) 期待概念の導入による介入の焦点化

ここでは，二重拘束（ダブル・バインド）理論（Bateson, Jackson, Haley and Weakland 1956）での非言語的メッセージの拘束論を，期待の概念を用いて，社会理論の水準で捉えなおしてみたい。ただし非言語的メッセージは，単独では他者に対して反応の拘束力を保持することはできない。それは言語的メッセージと対になって送信され，それぞれが，他のレベルの文脈として作用する力学が展開する場合，強い行動や意味構成の統制力として作用する。二重拘束理論は，論理階型論[6]に依拠した，世界構成に関しての判断停止を作り出すパラドキシカルな形式を明らかにした理論として注目された（長谷 1989；310）。それは，情報還流論についての重層的文脈論の視点からの説明法であった。

このダブル・バインドの力学には，期待の二面性（期待の意味構成と期待の行為）を抽出することができる。以下，いくぶん長くなるがダブル・バインドの構成要件について引用してみよう。

ダブル・バインドの成立要件は，以下の a) ～ f) の 6 つとされている。

a) 2人あるいはそれ以上の人間

このうち1人を「犠牲者」と呼ぶ。

b) 繰り返される経験

我々の仮説が注目するのは，精神的外傷を引き起こす単一の経験ではなく，ダブル・バインドの構造が習慣的な期待となるような，繰り返される経験である。

c) 第1次的な禁止命令

(i)「何々のことをするな，さもなければあなたを罰する」あるいは

(ii)「もし何々のことをしなければ，あなたを罰する」

d) より抽象的なレベルで第1次の禁止命令と衝突する第2次的な禁止命令

これも第1次の禁止命令と同じく生き延びることに対する脅威となる処罰あるいは信号によって補強される。

これはc) に比べて記述することが難しい。その理由は，

(i) この禁止令は普通非言語的手段によって子どもに伝えられる。

ポーズ，ジェスチャー，声の調子，意味深長な動作および表面上の言葉に隠された含意など。

(ii) 第2次の禁止命令は第1次の禁止命令のどの要素にも衝突する。

e) 犠牲者が現場から逃れるのを禁ずる第3次的な禁止命令

f) 犠牲者が，自らの世界がダブル・バインドのパターンのうちにあるのだと知覚するようになったときには，これまで述べてきた構成因子が完全に揃う必要はもはやない。

(Bateson 1972=1986; 301-303)

　人は，このような過程にさらされ続けると，ある状況下で発せられたメッセージを二重拘束的に構成する規則を内面化することになる。

　このダブル・バインド理論は，普遍性を有するわけではない生活場面で生じる現象を，形式的な方法で描き出す特殊な地図と考えられる。まずはその特殊性について，具体的なメッセージのやり取りのレベルで見ておきたい。

　言語的第1次の禁止命令が，たとえば以下のように，母親から子どもに伝

達されたとしよう。

(i)「食事を残すな，残したらあなたを叱る」

　このメッセージは，メッセージの伝達者（母親）の社会的な行動として，その対人的意味合い（これは愛情の伝達，励ましなど）を受け入れることを受信者に期待するメッセージと言える。つまり母親は，子どもが母親のメッセージを，「愛情の伝達」と理解することを期待し（s[em]），そしてその理解に従い，残さず食べる行為の遂行を期待していること（s[es]）を伝達している。それに対し子どもは，母親のメッセージを子ども自身の文脈に従って意味付ける。子どもは，母親のメッセージに対し，「残さず食べる」ことを期待されていると構成（m[es]）し，その行動を実施したとしよう。子どもは，「残さず食べる」ことで母親からの賞賛（s[em, es]）を期待するであろう。

　次に，この子どもの行為選択に対し，母親から第2次の禁止のメッセージが伝達される。

(ii)「残さず全部食べてしまったら，あなたを罰する」

　これは，母親が子どもの応答に対して非言語的に，「(先のメッセージは）あなたへの愛情のメッセージと理解してはならない」（期待の意味 s[em]），「(それゆえ）全部食べてはならない」（期待の行動 s[es]）という，第1次のメッセージとは矛盾する，子どもへの期待を伝達するメッセージである。このように二重拘束的過程は，期待の構成と行動に関する双方向の伝達過程において生じるのであり，一方が他方を拘束するという単一方向的な力の実行過程ではない。言い換えるならば，二重拘束過程は，送信者が伝達するメッセージへの受信者の期待の意味構成と，それに随伴する行為選択（行為全体で，最初の送り手への期待の伝達）という重層構造的な期待が，同時にかつ逆説的に伝達される過程と見なすことができる。

　このように，メッセージの拘束力を期待の意味構成 [em] と行為選択 [es] に区分することで，二重拘束的状況を解消する理論的方向性が示される。たとえば，子どもに，「お母さんの一番いやなところは？」と聞くと，「食事のとき叱ってばっかり」と応え，さらに説明を求めると，「全部食べても，食べなくてもいつも機嫌が悪い」と答えたならば，この母子間のやり取りにおいては，期待を軸にした行為遂行過程の力学の差異化を試みる介入が考えられる。あるいは，子どもが「お母さんは自分にどうしてほしいのかまったくつかめない」と言ったならば，母親が期待することとそれを構成する子どもの構成法の間での矛盾増幅過程が想定される。それゆえ，期待の意味構成における差異化が，介入法として選択される。このように，期待をメッセージの対人関係的な意味合いと行為選択に区分するならば，双方の行為を連続させる力学を構成する要素をより具体化して，焦点化した差異化を試みる介入が可能となる。

　なおここでの期待について，ハイデガーのケア概念と関連付けて，説明を加えておきたい。上記の二重拘束における期待は，非本来性の期待であり，他者と協働して次の世界づくりを試みる本来性のケアとしての期待とは区別される。二重拘束状況下では，関係性の上位に立つことで，他者を下位に置こうとする試みとして期待の伝達と構成が企てられている。子どもは親の伝達する期待にかなう行動を遂行してもしなくても処罰される。このような関係下では，他者の新たな世界づくりに貢献することが自己生成につながるというケアの相互生成の力学が不在となる。それゆえ二重拘束的なメッセージの伝達者は，原理的に新たな問題解決力を有する自己を作り出せず，その受信者も新たな世界構成を開始することができない。

第 1 章　ケア実践によるコミュニティの再組織化の基礎理論　　　　*33*

(2) 期待生成とシステム変容

　クロネンらは CMM 理論の中で，反映欲求とその結果（Reflexive needs and effects）[7]（Cronen and Pearce 1985; 74）が有する社会的なトランズアクションの構成力に言及している。彼らの社会構成主義的な社会理論では，意味の重層的生成論に焦点化されているが，期待概念に近い要求とその結果の力学の説明は，詳細には論じられてはいない。

　トランズアクションの流れは，相手に何を要求し，行動し，その結果いかなる反応が生起したのかという言語行為が有する期待生成のフィードバック・ループとして説明される。システムの構成員は，他者に対して，たとえば挨拶に対しては挨拶で応えなければならないと社会的に類型化されている規範としての反応の形式と，いかなる言語的あるいは非言語的表現で応えなければならないなど，その具体的行動様式の遂行とを期待して（Reflexive needs）メッセージを伝達する。受け手は，相手が求める行為（つまり期待）に正しく従って反応しなければならないという，持続的な現実構成に不可欠な構えを有している。それゆえ，構成員たちにとって，具体的な期待情報をいかに送信し構成するのかは，社会的世界の維持のための重要な課題となる。社会的なトランズアクションの過程において，期待の送り手と受け手の役割を構成員たちは交互に担いつつ，期待の出し方と受け方の規則を各々産出する。期待は，ある何かとして特定されて最初から覚識されているものではなく，事態（行為群）を示す段階から，繰り返されるやり取りの過程で，限定された何かに局定化されることで生じる（廣松 1988）。そして，それは具体的な社会的役割規則と化す。彼／彼女は，そこでの他者の反応（effects）に対して，期待を満たすか否かを基準に，正か負の報酬を与える。そこでは，「○○の行為をすべき」という他者への期待が，他者の行為選択の内容を定める先行的な力（Pre-figurative force）[8]として作動する。むろんこの過程は，新たな期待生成力としても進行する。このようにコミュニケーション過程は，システム構成員間での期待の送受信の連鎖とそのパターン化そしてパターンの差異化として分析することができる。

　メッセージの理解法と具体的な反応，つまり期待が伝達されたとしよう。受け手は，既存の構成と行為選択規則を文脈として，固有な構成を試み，反

応を選択するであろう。このミクロな現実生成場面を対立増幅場面として仮定してみよう。送信者が求める理解法と反応と，受信者の理解についての構成法と実際の反応との間で矛盾増幅過程が生じているのが，問題場面と言える。送信者が求める理解法あるいは反応，さらに受信者の理解法や実際の反応のいずれかが差異化されたならば，送信者のメッセージの言語内容，それに伴う期待および受信者のそれらの意味構成と反応という水平的な現実構成の流れ全体が差異化される。またそれと連動して意味の重層構造の差異化が生じる。これらの変数は相互に結び付いて生成するため，期待の差異化が，コミュニティ・システム全体の差異化の手法として導出される。

(3) 期待とコミュニティ・システムの生成構造

　ミクロレベルでの期待の生成が，本書でのコミュニティの生成とどう結びつくのか，これまでのベイトソンの情報還流システムおよび廣松の人とものの「として」の四肢構造論についての議論を基に，コミュニティの水平的および重層的構造と力学の説明枠から論じてみたい。

① コミュニティ生成の水平的力学
ⅰ）コミュニティの全体構造

　コミュニティの生成力学の1つの力学は水平的力学で，それは構成員間での具体的な情報還流過程で生じる力学である。コミュニティは，対自，対他，そして対物の構成をめぐるメッセージの内容，期待および意味構成についての差異の情報還流システムとして定義される。そして，言語的メッセージとそれに伴う非言語的メッセージ（むろん言語的に提示される場合も含め）の伝達に伴う期待，そして意味構成がその機制を説明する概念である。これらの要素が，差異の情報として構成員間において還流する。

　文字での詳細な説明よりも，映像の方が直感的に捉えやすいので，それらを図示してみよう（図1）。繰り返すまでもなく，ここで用いるのは，目の前に現れる像を分析するための道具，つまり地図である。

　図1は，コミュニティを1つのシステムとして捉えた場合の地図である。このコミュニティは，サブシステムA～Dから成り立っていることを示している。A～Dのサブシステムは，それぞれトランズアクション過程で生

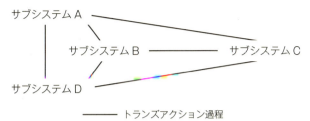

図1　情報還流システムとしての生成的コミュニティ

成された特有の機能と結びつきを有する1つのシステムと見ることもできる。また，各サブシステム間（A-B，A-C，A-D，B-C，B-D，C-D間など）でのトランズアクション過程も生じるため，各サブシステムの構造と機能は，そのコミュニティ内の他のサブシステムとの関係性によって，維持あるいは変容される。そしてあるサブシステム間で生成された差異的関係性は，相互に連関しあうコミュニティ内において，他のサブシステムとの差異的関係性を引き起こし，コミュニティ全体の構造と機能を変容する。

ⅱ）コミュニティ・サブシステムの同型的な分析枠組み

次に図1のサブシステムの中から，1つのサブシステムを取り上げ，各サブシステムを考察する同型的な形式を示してみたい。ここではサブシステムAの構成員をX，Y，Zと仮定する。するとこのサブシステムAは，さらに，X対Y，Z対Y，X対Zの3つのサブシステムから構成されているシステムと言える（図2参照）。これは，他のサブシステムB，C，Dにおいても，構成員は異なっても同じ形式が用いられる。サブシステムAにおいては，こ

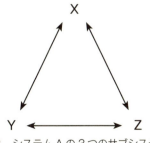

図2　システムAの3つのサブシステム

のX‐Y，Z‐Y，X‐Zの各サブシステムの情報還流メカニズムは，さらに以下のような同型的な形式で説明することができる。X‐Yを構成員とするサブシステムで，水平的交流過程の基本的な形式を例示してみたい。

　X‐Yシステムにおいては，常にXの言語行為全体（s）は，Yへの差異の情報として構成され，Yの言語行為全体（s）は，Xへの差異の情報として構成されるという循環過程が生じている。

　そしてこの言語行為全体（s）は，言語内容 c（content of message）と期待 e（expectation）を伝達する。c は基本的には言語を用いた事態の記述法である。この c には，非言語的手段（日本では雰囲気）で意味の構成法の伝達が伴う。これはベイトソンのメッセージの階型論が論じている点である。ただこの記述は，非言語的メッセージのみでも提示される。とりわけ日本人のトランズアクションにおいては，この非言語的レベル単独でのコミュニケーションがしばしば出現する。

　さらにメッセージには，原理的には非言語的に伝達される相手の行為選択への期待が伴う。もちろん最初から言葉で行為の期待を述べるコミュニケーションも多い。この言語的，非言語的レベルの両レベルで伝達される期待こそが，相互の言語行為の選択を持続させる力である。そこで，本書ではこの期待を，メッセージ理解法についての期待 [em] と相手の具体的な行為選択への期待 [es] に区分する。これは，ベイトソンが論じた，非言語的な階型が有する言語情報 c の理解法の指示力のみならず，コミュニケーションを持続させる力を有する非言語的な階型の指示力，つまり他者の行為への期待の構成を取り入れて構成したものである。

　iii）水平的過程の期待の生成力学

　しかしながら上記の期待は，トランズアクション過程において，複雑な生成力学を示す。その生成力学の理念型を図示したのが図3である。それゆえ，図3は，支援場面において出現した，クライアントの期待を分析し，さらにその相互生成力学を評定するための道具として使用される。

　以下の略記号は，c：content of message，m：meaning construction，s：speech act，e：expectation の略である。

　たとえば，構成員Xは言語情報と，非言語の情報回路を有する行為全体

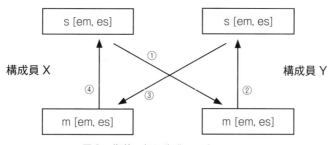

図3　期待の相互生成の評定フレーム

(s) を構成員Yに送信する（図3矢印①）。それは，他者Yへの期待（s[em, es]）を内包する。この期待は，メッセージの受け手Yからは，理解法への期待m[em]と反応方法への期待m[es]として再構成される。具体的に考えるならば，構成員Xが，「今日は天気が良いですね」というメッセージ内容cを，構成員Yに伝達したとしよう。このメッセージの内容cを受け手である構成員Yが，今日の天気を良い天気だという意味であることを理解できなければ，その時点でコミュニケーションは停止する。さらに，コミュニケーションを進行させるためには，構成員Yは，この言語内容cの意味内容の理解のみならず，構成員Xの言語行為全体 (s) から，メッセージに伴う期待を読み込まなければならない。「挨拶のメッセージとして受け止め m[em]，挨拶を返してほしい m[es] のだ」などと。構成員Yは，構成員Xのメッセージをそのように構成し，構成員Xへの期待（s[em, es]）を伴うメッセージ伝達法を考案し（図3矢印②），それらを構成員Xに伝達するかもしれない（図3矢印③）。構成員Xは，構成員Yの言語行為全体 (s) に対し，特有の期待構成を試みる (m[em, es])。そして，次の構成員Xの行為全体 s（メッセージ内容と期待）が考案される（図3矢印④）。この局面が矛盾なく進行することはまれで，①から④のそれぞれの局面で常に差異が生産される。

ⅳ）人とものの構成軸と水平的力学

廣松の四肢構造論に従うならば，この期待の水平的力学の生成を担うそれぞれの構成員X，Yは，自らを社会的な「として」として形成しつつ，他方では彼らの言語行為の交流により，社会的な役割を遂行する「として」の人

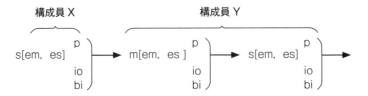

io: inanimate object でもの，bi: body image で身体，
p: person で人の行為や思考の略記号である．

図4　期待の構成要素とその伝達過程

および社会的役割に付随するものの結合体，つまり社会システムを形成する。この社会的主体と社会化されたシステムを作り出すのは構成員相互のトランズアクションである。

　人とものの両構成軸を加えた，トランズアクション過程の力学を単純にして描いてみよう。図4は，図3の期待の循環に，人とものの両構成軸を加え，時系列で記述しなおした図である。この図4をもとに，人およびものの期待の構成とその伝達の水平力学（m[em, es] と s[em, es]）について説明を加えてみよう。

　言語行為全体（s）の構成要素である期待（[em, es]）は，言語および非言語を要素として構成される。構成員Xは構成員Yへ，対人的な自他の行為や思考そして対身体（bi; body image）および物理的なもの（io; inanimate object）の情報についての意味構成の期待（s[em]）と，それらへの固有の行為遂行を期待するメッセージ（言語，とりわけ非言語；s[es]）を伝達する。言語および非言語レベルより，受け手の構成員Yは，Xのメッセージに対して，Yの構成文脈，つまり意味構成や行為全体の選択規則を基に，人とものへの独自の構成（期待の意味構成）を試みる（m [em, es]）。この構成員Yの期待の構成を文脈にして，Yは人ともの（io 及び bi）についての言語行為全体（s）を最初の送り手である構成員Xに伝達する。

　この図4は，期待（m[em, es] および s[em, es]），そしてそれらの対象である人ともの（io, bi）より構成される，主体の現実構成過程群の相互生成過程を同型的に描き出しており，これらの要素のいずれかの変容で，システム全体，つまりコミュニティの変容が生じることを明示している。

第1章　ケア実践によるコミュニティの再組織化の基礎理論　　39

② コミュニティ生成の垂直的力学

上記の水平的力学は，各主体が構成する重層的な意味の生成力学と関係している。以下では，垂直的力学について述べてみたい。

ⅰ）重層構造

クロネンらによって発展的研究が行われた CMM 理論では，主体間で還流する重層的な意味の生成力学が説明される（Cronen and Pearce 1985; Cronen, Pearce and Tomm 1985）。たとえば，構成員 Y が発した言語レベルの発言内容 c について，それをどう受け取ったのかを構成員 X に再記述を求めるならば，「Y は，○○と言ったが，それは私に○○を求める行動であった」と，受け手の X が構成したことを説明する。さらに，その構成を安定させる力を有するのが構成員 Y の非言語レベルでの伝達行為である。そしてこの構成は，対人的行動と背景のものの世界（io と bi）とも関連付けられて記述される。つまり人とものの両構成軸より再構成される，非言語と言語の情報の対人的な記述が，メッセージの意味である。ここでは対他的情報の意味構成について述べたが，むろん対自的な意味構成にもこの機制は当てはまる。

図5の重層レベルは，便宜上，抽象度の高いものが上位に位置付けられているが，この位置関係は固定化されておらず，各々が他のレベルの構成文脈として作用するという変動的な関係である。それゆえ，この構造内においては，各レベルの構成力の優劣は存在しない。またこの枠組みは，実在と対応する重層構造を表示するものではない。それは，世界の重層構造を把握するための理念型である。図5内の生活世界定義法は，自他の関係性定義を含む，対自的および対他的世界の構成法である。自分とは，他者とは，世界とはということを説明するレベルである。たとえば，私はいつも不幸であるなど（rls）。関係性定義法は，自他の関係性の定義である。「子どもにいつも（親である）私の方が言い含められる」など（rr）。出来事定義法は，実際のトランズアクション過程の要素を束ねて，「○○の出来事として」構成される。たとえば，昨夜も子どもは排泄に失敗したなど（re）である。最下段のメッセージ伝達行為の定義法は，他者の言語行為についての処理規則（rsa）である。そこでは，他者の行為に読みこむ期待や他者に向けて自らが選択する

図5 意味の重層レベル

行為とそこでの期待についての規則が生成される。構成員Xが，構成員Yのメッセージ伝達行為の要素，つまり対人的世界での行為や思考，ものの世界での物材（io）および身体（bi）について，期待の意味を生成する（m[em (p, ioとbi), es (p, ioとbi)]）ことは，送信者Yの言語行為全体（s）についての構成（rsa）を基礎に，その意味を重層レベルの関係性定義（rr）あるいはそれ以上の意味のレベルにまで拡大して構成することになる。この意味の重層構造においては，それぞれの意味のレベルは，他の意味のレベルの生成文脈として作動するため，伝達行為のレベルの期待の差異の生成は，他の意味のレベルの変化と連動するのである。

ⅱ）人とものそして期待の垂直的および水平的力学とコミュニティ生成

受信した1つのメッセージ伝達行為全体（s）の人（p）およびもの（ioとbi）についての期待の意味構成法 m（[em (p, ioとbi) と es (p, ioとbi)]）の差異化は，それを文脈とする新たなメッセージ伝達行為全体（s）の差異化につながる。これは垂直的力学から，水平的力学への差異化の生成力学の連動である。図6はその理念型を示している。この四肢構造論に差異概念を導入した理論枠によって，コミュニティのサブシステムそしてコミュニティ全体の力学と構造は，垂直的な差異の生成の説明軸と水平的な差異の循環の説明軸により，同型的に説明される（図6）。

支援に際しては，具体性を有する，それゆえに差異化が容易な社会システムを構成する最小の期待の要素（m[em, es]あるいはs[em, es]，および各々

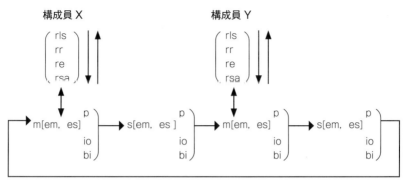

図6　コミュニティ生成の水平・垂直のフィードバック・ループ

のp, ioとbi）の差異化がまず試みられ，その差異化を文脈として，重層的な意味構成の差異化が目指される。むろんこの重層的な意味構成の差異化は，水平的過程の差異化の文脈的な力として作動する。

Ⅳ. 小　括

本章では，ハイデガーの本来性のケア概念に基づき，ベイトソンと廣松の理論を基に，ケアの要素である期待の差異化による，コミュニティの再組織化の基礎理論を示した。そのうえで，コミュニティの臨床論について論じた。

ハイデガーのケア概念の考察を通して，他者（クライアント）の存在可能性へと向かう専門家の言語行為全体が，クライアントが次の世界へのケアを実現する専門家のケアになるという，新しい専門家の実践パラダイムも提示した。

またこの本来性のケアの定義に基づく，ケア・システム（言い換えれば，ケア実践が相互生成するコミュニティ）は，コミュニケーション・システムであり，ここでのコミュニティの再組織化は，人の「～として」のケア（それはコミュニケーション過程の用語で言い換えれば，期待概念）を中心に，人とものを構成軸として，同型的手法でミクロレベルからマクロレベルまでの差異の生成力学の活性化として論じた。

[注]

1 ゴッフマンが考察した社会的役割については，丸木 1986 や Goffman 1961 を参照のこと。

2 詳しくは，Constantine 1986 を参照のこと。

3 感覚器官を通して認識される物理的世界の差異の情報については，以下のように説明できる。たとえば，児童養護施設で暮らす子ども A が，部屋のガラス窓を叩いて割ったとしよう。この出来事は，A の側の行動と窓ガラス側に起こる差異とを総合して構成される。A の側の行動は，A が窓ガラスを見て，窓に手が届く位置に立ち，窓ガラスが割れる程度の力を入れて，窓に拳を当てることを試み，窓ガラスに当たった後は，手を引っ込めるなどの動作が連続する。一方窓ガラス側は，A の拳とガラスの表面が接触した時，ガラスの側は，衝撃を吸収し，ある部分には亀裂が入り，いくらかは破片となり，部屋の内外に飛び散り，いくらかは窓枠に支えられ飛び散らない状態になる。これらの複数の情報についての情報を総合することで，「A が窓を叩いて割った」として出来事が構成される。そしてこの A の窓ガラスを割る行為は，怒りを言語で表現する行為を推奨する文化においては，不適切（あるいはレベルが低い）行為として意味付けられるのである。つまり，人とものとの間で生じた物理的現象は，そこで生じている無数の情報についての情報を構成し，意味づけられていると言える。

4 CMM 理論における現実の重層レベルの上下方向の循環的構成力学のこと。

5 訴え論については，加茂（2012；102-104）も参照のこと。

6 ラッセルの論理階型論については，三浦（2005）を参照のこと。

7・8 詳しくは，Cronen and Pearce 1985 を見よ。

第2章

ケアの技法とコミュニティの生成（1）
──ケアの変容段階論──

は じ め に

本章では，第1章で論じた人とものへのケアとコミュニティ生成の基礎理論に基づき，クライアントのコミュニティの再組織化を図るための支援者のケア実践，とりわけ変容段階論と技法論について論じてみたい。本書でのケアの概念は，人による，他者の存在の可能性の実現，あるいは新たなケアの実現を目指すことで，自己を生成する（これもケア）ことにつながるという，相互生成的ケアを意味する概念である。これは，他者の生成に貢献しない自己の実現は不可能であるという，自他の基本的な存在様式を説明する中核的な概念である。他者の生成に貢献しない自己の実践は，家族療法の用語を用いるならば，問題を増幅させる「偽解決」行為と言える。支援者とクライアントの関係に置き換えるならば，支援者のケア実践は，つねにクライアントの新たな世界構成の可能性に関心が向けられ，かつクライアントのケア実践が差異化される引き金となる実践でなければならない。

支援者のケア実践としての技法は，トムの循環的質問法（Tomm 1985, 1987a, 1987b, 1988, Hornship, Tomm and Johansen 2008）を基に，変容段階論と期待の変数を加えて再構成される。

まずは循環的質問法について簡単に触れておきたい。トムの循環的質問法は，目の前に展開する差に関する情報とその還流システムとして精神（mind）を捉えるベイトソンの差異概念（Bateson 1972, 1979）に依拠し，行為と重層的な意味的世界の規則論である CMM 理論（Cronen and Pearce 1985）を導入して社会構成主義的変換を図り，システム内の多様な変換ポイントにおける差異づくりの技法として臨床化された質問法である。それは，

治療者とクライアント間での差異の相互変換法が主軸であり，当時の多くの家族療法家たちに高く評価された質問法（Hoffman 1981）である。

　トムの循環的質問法の構成の柱は，差異の質問と文脈の質問に区分される。前者の質問は，クライアントの「これしか（選択でき）ない」という定義に対して，「これとこれを比べるとどうなるか」と比較に持ち込み，一義的な世界構成法を差異化する差異の二分的質問法である。後者の質問は，世界生成の2つの規則である，意味の構成規則と行為の選択規則の文脈的な差異化を試みる質問法である。たとえば，差異の質問により，行為と行為の差異が説明されたならば，「（その行為により）避けたいと思ったことを実際に避けることができた自分をどう思うか」と，起こった出来事の定義を文脈に自己定義のリフレクションを促すような重層的な意味構成のレベルを使って，意味の構成規則の差異化を促す質問法である（Tomm 1985; 38）。

　それに対し本章では，このトムの循環的質問法を，以下の2つの柱から再構成した上で，社会構成主義的で，独創的なシステム定義法に依拠したコミュニティの変容段階論と技法論が論じられる。

　1つめの柱は，トムの循環的質問法の中で示されている支援者の意図によって区分される記述とリフレクションを，変容段階論として整理しなおし，各段階で使用する技法群を体系づけることである。つまり，クライアントの訴えの記述を促す記述段階とそこで使用する技法，その記述された要素のリフレクションを促すリフレクション段階とそこで使用する技法というように，変容段階論と整合性を持たせた技法の段階的使用法を論述する。

　2つ目は，トムの循環的質問法では，主体の行為に伴う相互作用の相手からの応答を引き出す作用についての理論化が弱い点を補強するために，一方の行為と他方の行為の連結力として作用する期待の概念を取り入れた質問法を整理することである。この期待概念を取り入れることで，送信者の行為が受信者の次の反応（メッセージの理解法と行為選択法）への期待を含み，それがメッセージの受け手の行為の生成に作用するという，相互の生成力学の説明がより精緻化される。

　この2点より，クライアントのコミュニティの再組織化を実現する支援者のケアの技法が，構成員相互間のメッセージ伝達行為に随伴する期待の要素

第 2 章　ケアの技法とコミュニティの生成 (1)　　45

に焦点化した差異化の技法として説明される。

Ⅰ．コミュニティの変容段階論と技法選択

　情報還流システムとしてのコミュニティの変容は，システムの構成員間のトランズアクション過程の変容により説明される。コミュニティにおける規範あるいは規則の生成は，トランズアクション過程において，同様の言語行為が繰り返されることで外在化され，共同主観化され，実在身を帯びる。つまりこの規則は，親に対しての子ども，教師に対しての生徒など，主体の社会的地位に付与される一連の対人的なトランズアクションの規則群であり，それらは主体内において，また主体間で，相互に結合し，構造化されている。この構造を念頭に置きつつも，その形式的構造のトランズアクショナルなレベルにおける差異化の力線に分析の焦点を置き，クライアントのコミュニティ生成のための変容段階論と期待に焦点化した技法論を論じる。

1．変容段階論[1]

　トランズアクション過程の変容は，表 1 のように 3 段階に区分され，①の段階で差異の生成力を活性化させ，それらを②，③で連動させる支援活動を通して生成される。トムの循環的質問法では，記述とリフレクションという支援者の意図で質問法を区分する方法が示されたが，本書では，問題場面で生じている行為連鎖のパターンを記述するためのトラッキング・レベル（表 1 ②）と，記述した行為連鎖について差異化を求めるリフレクション・レベル（表 1 ③）は，原理的に差異化のレベルが異なることに着目し，変容段階論として整理した。後者のレベルは，前者のデータを再構成するレベル，つまり差異生成活動を活性化する段階と言えるのである。そして，各変容段階に応じて，循環的質問法を，訴えを出来事群へ再構成する技法群，出来事の要素を時系列で記述させる技法群，そして出来事の要素（本書では特に期待の要素）のリフレクションを促す技法群に区分して論じられる。

　以下表 1 をもとに，ケアとりわけ期待の構成要素に着目した，変容段階論について論じてみたい。

表1 コミュニティの変容段階と記述のレベル

変容段階	記述のレベル
① 訴え	時間的, 空間的に混在し, 融合した, 世界内での出来事の記述。即時的世界の出来事の記述のレベル。他者のケアを活性化する自己のケアが, 潜在化している段階。
② トラッキング	クライアントと他者との間の相互の差異生成力が衰退したケア実践が, 支援者の差異化を意図した質問法とそれへの応答により, 期待の構成要素の連鎖過程として, 人工的に記述される段階。
③ リフレクション	人工的に記述された相互の期待の構成要素の差異化を促し, 他者のケアを活性化する自らの新たなケアの過程を記述する段階。

(1) 訴え

クライアントの訴えは, 正常構造を有するコミュニティの病態化の現れとしてではなく, トランズアクション過程において, 差異の産出力が低下しているコミュニティの構造と力学に基づく語りと捉える。そこでは, 複数の差異化の生成可能性が抑止され (言い換えるならば, ケアの相互生成が抑止されていて), 他者の世界構成の可能性への関心が低下した, 非本来的なケア実践がシステム内に還流していると見なされる。それゆえ, クライアントの訴えは, 内面あるいは関係性における問題の正確な記述というよりも, トランズアクション過程において, 他者と共同生成した世界構成規則に基づく言語行為なのである。強調しなければならないのは, 否定的な世界構成の背後には, 自他ともにケア実践の意欲と, その手法が存しているという事態である。この潜在的な解決力を引き出すため, 訴えについての語りを励ますことから, 支援活動は開始される。

(2) トラッキング

トラッキングの段階は, クライアントと他者との間の共同生成規則を, 1つの問題場面を取り上げ, 相互のケア実践を構成する期待の構成要素の連鎖過程として記述する段階である。問題場面でのクライアントと他者の相互の期待の構成要素は, 双方が他方の世界構成の可能性への関心を低下させ, 差

異の生成力が衰退した構成要素である。この期待の構成要素のいずれかを，他方の世界構成の可能性に関心を向けた，差異の生成に貢献する要素に差異化する土台づくりが，この段階で目指される。

(3) リフレクション

　リフレクションの段階は，トラッキング段階で記述された期待の構成要素のいずれかを取り上げ，顕在化していない期待の構成要素群の浮上を試み，差異の産出力を向上させる段階である。この段階で，クライアントは，自らが記述した期待の構成要素への差異を浮上させ，対自的に世界を構成する規則を獲得していく。そこではトランズアクション過程の相手が，新たな「～として」の人になる可能性への関心が含まれた，クライアント自身の発案による差異であることが重要である。この差異が，トランズアクション過程に投入されることで，他者のケア実践は活性化する。

　ここで示した，訴えを構成する1つの問題場面を取り上げ，クライアント自らが記述したことを，クライアント自身が再構成するという変容段階は，クライアントのエコロジカル・システムの他のサブシステムにおいても同型的に用いられるため，これは本書でのコミュニティの変容段階論でもある。

2．変容手順と技法選択

　上記の変容段階を基準として，実際の変容手順について論じてみたい。特に以下では，局所的な期待（他者のケアが活性化する主体のケア）の構成要素（意味構成と行為選択）の差異の生成過程において推奨される技法群を例示する。

(1) 訴えの記述

　クライアントのコミュニティの構造と力学を変容させていくためには，それらを評定する方法論が明確化されなければならない。それは，活用資源を羅列する生活システムの静態的な構造の評定ではなく，クライアントの訴える行為を持続させるコミュニティの構造と力学の評定が求められる。このコミュニティの構造と力学を評定するためには，クライアントに対し，世界が

苦痛の世界として構成されるトランズアクション過程の要素について語ることを求める。通常、困難な場面群についての記述は、時間的、空間的な混在や融合があるため、クライアントに訴えの記述を促す際、その記述の時間的空間的な位置付けを明確にし、他の場面群の生成可能性を開くことを促すような、支援者のケアとしての技法選択が必要である。循環的質問法の類型で言えば、時間的差異の質問やカテゴリーの差異の質問あるいは時間的文脈の質問が多用される。また、クライアントが自らの問題を自らのこととして語れるように、コンプリメント（De John and Berg 2002）を用いたり、否定的なあるいは悲観的だと理解される場面群や行動群への肯定的な意味づけの浮上可能性に関心が向けられたポジティブ・リフレーミングの技法（Weeks and L'Abate 1982）などが併用されたりする[2]。

(2) 問題場面の期待の構成要素の記述

クライアントが訴える世界について、具体的な問題場面の記述を開始したならば、次に問題場面の生成を情報還流システムの構造と力学として読み直すために、支援者はクライアントに対し、問題場面のやり取りの連鎖の記述を求める。このときクライアントは、問題場面を他の場面とは異なる、解決を必要とする場面として現実を切り出すことになる。そしてその場面を、自他の相互の行為の連鎖とそれに伴う期待の要素の連鎖過程として記述することを促すことで、クライアント自身が、現実を再構成するための出発点を記述することにもなる。それゆえ、クライアントが特有の苦痛の世界を、どのような行為連鎖とそこでの期待の要素群から構成しているのかの記述が重視される。ここで要素化されたデータは、コミュニティの構造と力学のミクロレベルの評定のためのデータでもあり、介入を試みるデータでもある。

この問題場面の構成要素の記述段階で用いられる技法は、トラッキング技法と呼ばれる（Kamo and Oshita 2011）。トラッキング技法は、トランズアクション過程の要素の記述を求める技法群であり、循環的質問法の時間的文脈の質問やカテゴリーの文脈の質問の使用が、基本的な技法選択となる。

また、トムの循環的質問法では、生活世界におけるものへの意味構成や行為選択についての言及がない。しかし問題場面でのトランズアクション過程

の要素の記述においては，ものへの意味構成や行為選択の記述は不可欠である。それゆえ，人ともの（身体および物理的もの）の両構成軸からの相互生成論，つまり廣松の四肢構造論を基盤とし，トランズアクション過程で，もの（身体および物理的もの）への意味づけや，それらへの関与法を記述する技法も，他者に向けたメッセージとは区分してトラッキング技法に位置づけられる。

　ものと人の両構成軸での差異生成論は，本書での変容のアイディアである。たとえば，摂食障害者にとっての世界は，食物と自分の身体への意味づけを文脈として自他への行為を選択し，あるいは自他の行為選択を文脈として，食物や自分の身体への意味を構成する世界として説明できる。それゆえ，規則に従って構成された彼／彼女のもの（身体やもの）の世界は，人とものの相互生成過程の一局面と捉え，その差異を顕在化する技法の使用法を構築することは有意味であると考える。トラッキングの段階で，ものへの意味づけと関与法の記述を促す技法が体系化され，かつそれが対人的世界の意味づけや関与法の記述と結びつけて説明されるならば，どちらかの差異化という問題解決戦略が明確になる。たとえばある局面においては，ものの意味構成を記述し，差異化する質問を中心的に用い，その後は，差異化された文脈において，人の行動選択の記述とその差異化を意図する質問を試みるという，手順の一般化が考えられる。この手順の中で，統合化された実践計画を作る，つまり戦術を策定することが可能になる。

(3) 記述された期待の要素のリフレクション

　トラッキング技法により，クライアント自身がシークエンスの要素群（自他の期待の要素の記述でもある）を記述したならば，記述された自らの行為選択に含まれる期待の記述とその差異化，あるいは他者の行為全体（s）への意味構成の記述とその差異化を促す。つまり，自ら記述した自他のケアの行為の再構成（行為についての説明であり，システム論の用語では，メタ・コミュニケート）を促すのである。クライアントと他者のトランズアクション過程の特定の期待の要素に焦点化し，微細な差異の生成から，クライアントのコミュニティにおいて，差異の生成力学の活性化を試みる。それは，他

者のケア実践の活性化に寄与する差異の相互生成過程になる。ここでは，循環的質問法のどの類型の質問法も，リフレクションを意図して，連続的かつ複合的に使用される。その際，もの軸での差異化を文脈として人軸での期待の差異化を活性化する，あるいはその逆も試みられる。

（4）差異化された期待の要素の実行プランの作成

　クライアントが，トランズアクション過程における期待の要素をリフレクションすることを通して浮上させた新しい期待の要素は，他者とのトランズアクション過程に投入され，つまり日常生活場面で実行されなければならない。そのためには，クライアント自身で，差異化された期待の要素の実践を試みる時間や場所，協力者を確定し，どのような段取りで進めるかなどを，スモール・ステップで設定していく必要がある。トランズアクション過程において差異として機能し，それがコミュニティ全体の変容に至る実行計画が必要である。ここでは，トラッキング技法が再び活用される。新しい実践は，シークエンスの要素のレベルで計画しておくことが，実行可能性を高めることになる。

（5）新しい実践計画の実行

　これは，他者との間でクライアント自身が計画した差異化されたケアの実践を実行する段階である。この実行により，面接室で浮上した差異がトランズアクション過程に投入され，クライアントと他者との間の水平的なフィードバック・ループ（ケア実践の相互生成過程）における差異化の力学が活性化される。

（6）振り返りとクライアントによる実践の評価

　実行されたトランズアクション過程の要素は，再度トラッキングの技法を用いてクライアントによって記述され，その評価をクライアント自身に求め，差異化の力学の活性化を促す。クライアントが差異化を意図して試みた実践場面の期待の構成要素が記述されたならば，それらの要素と実践前の要素との差異についてさらにリフレクションを求める。あるいは他者が選択し

た新しい行為へのクライアントの期待の意味構成についての説明を促し，クライアント自身が，実践場面の差異生成についての評価を試みる。そして，クライアントの評価に応じ，さらなる差異化の試みを繰り返し，エコロジカル・システム全体，つまりコミュニティにおいて差異の生成力を安定化させていく。

(7) 終結

　クライアントがある1つのサブシステム内で試みた意味構成，行為選択そして期待の差異化は，クライアントのコミュニティ全体での差異の生成力学の活性化につながる。そこでは，他者との間で共同生成されるクライアントのケア実践に基づく世界構成規則も変容される。それはクライアントの訴える言語行為の消失へとつながり，支援活動は終結となる。

Ⅱ．期待概念を取り入れた循環的質問法の再構成

1．行為，期待そして意味構成とそれらの規則化

　世界への企投，つまり人とものへのケアの実践は，何らかの期待が伴う。この期待は，伝達行為の理解の方法 [em] と，反応についての期待 [es] であることを押さえておきたい。さらに図式的に表現するならば，送信者が，メッセージを送信する際，送信したメッセージ内容の理解法とそれへの反応の期待の伝達，そして受信者によるそのメッセージ内容への期待の意味構成，そしてそれに基づく最初の送信者への言語内容とそれに付随する期待の送信という，送受信者間でのフィードバック・ループを形成する。この対人間における期待の送受信過程は，各々の構成員が，それぞれの文脈を生成する過程でもあり，それは対人間で差異的に生成される。それゆえ，受信と送信の過程を結合させる力としての期待の変数も，差異的に生成される。この送受信者間のやり取りが繰り返されると，各々の構成文脈は固定化し，送信と受信過程における期待も規則化される。いったん規則化されると，それは相手の行為はこう認識するべき，あるいはそれにはこう応答するべきという

拘束力を有する規範となる。ここでのパターン化の力学は，主体間での情報の送受信過程において，相互の世界が固定化する力学である。それは，マインドとしてのコミュニティの構造化とその力学の安定化過程の説明でもある。この力学は，言語行為全体の要素であるメッセージの内容の伝達と期待そしてそれらの意味構成という連動する変数群の力学として説明することができる。そしてそれは，本書での生成的に社会（コミュニティ）を説明するフレームでもある。つまり，期待の規則化の力学を明らかにし，その差異化を図る技法が明確になれば，ミニマリストのコミュニティの変容技法の説明が可能になる。

　しかしながら，このトランズアクション過程で生成する期待のパターン化は，排除の力学[3]を伴っていることを強調しておかねばならない。送信者と受信者は，常に他方のメッセージの期待を構成する際，構成可能な要素の一部を，自身の構成する文脈に依拠し，排除するのである。つまり1つのメッセージへの期待の構成は，構成可能な要素群の中から，主体の文脈に見合う1つの要素を浮上させることで可能となるのである。それゆえ，1つのメッセージへの期待の差異化は，送受信者双方の排除している要素群の浮上によりもたらされる。この排除された要素の浮上は，問題場面では潜在化している，人とものへのケア実践の活性化過程でもある。

2．期待の要素と介入の焦点

　訴えは，トランズアクション過程において，選択的に苦難の実在性とその解決の不可能性を構成文脈とした，クライアントの世界構成法，つまりストーリーである。通常クライアントの苦難に満ちたストーリーは，その生成の時系列が混乱し，また相反する意味群も単一の苦難のストーリー空間に投入されて語られる。それゆえ，この苦難のストーリーの内容は，丸ごと解決すべき問題として定義されることはない。それは，支援者とのコミュニケーション過程において，解決可能な問題として語り直された上で，対人関係の文脈で問題が特定され，その解決法が生み出される。繰り返すと，双方の人とものへのケアが産出される。

　支援過程において，クライアントの訴えの記述を促す意義は，この苦難に

色づけられた，言い換えれば，クライアント自身が従っている排除の力学を明らかにし，クライアント自身が解決すべき問題が何か，その解決は何かを構成していく基盤づくりになることである。

では，記述を促し，解決の基盤が明らかになった後，その変容法とは？まず苦難で固められたストーリーを，基本的構成要素（出来事群）へと分解する作業から開始し，それらを空間的，時系列的に整理する。そして，その中の1つの出来事を，さらに現実構成の最小単位である言語行為あるいは行為全体と期待そして意味群（これは彼／彼女のケア）へと分解し，時系列での記述を促す質問を支援者は投げかける。そこでは，人軸とものの軸の区分も活用される。これら現実を最小の単位へと組み替える技法が，トラッキング技法である。ここで顕在化された要素群は，そのどれもが差異化のターゲットになる。本書では，行為に随伴する期待を変容のターゲットとして取り上げ，そのリフレクションを促す技法選択について論じる。そして，差異化された期待の構成要素を文脈とした新しい実践により，クライアントの苦難に満ちたストーリーの生成を支えていたこれまでの期待構成の規則が衰退し，新たな期待の生成を文脈としたストーリーが構成可能となるのである。

　先述のように，この最小の変容ポイントである期待の構成要素は，コミュニティ生成を説明するミクロな要素である。この要素は，システム変容力を有する差異を作り出すというプラグマティックな目的のために人工的に設定されたポイントであり，究極の最小の実在物ではない点は強調しておく。しかしながら，差異を具体的に生み出し，クライアントの問題ストーリーを差異化するためには，生活世界に関わる最小単位の要素を構成し，差異化の標的と定める，ミニマリストの変容手法が不可欠である。言い換えると具体化され，対処可能な変容の標的を特定しなければ，時間的空間的に錯綜したクライアントの訴えを，具体的な差異化の作業に持ち込み，問題を解決する過程を生成することもその過程を説明することもできない。特定された期待の要素の差異化を試み，さらにその要素を内包するシステムの変化を作り出すという手法で，つまりミニマリストの手法で，支援者は変容の道筋を一歩ずつ作り出していかなければならないのである。

3．期待の記述

　トラッキング技法は，クライアントの訴えを具体的な行為連鎖の形式として再構成を促す技法として論じられてきた（大下 2008a, Kamo and Oshita 2011）。本書では，トラッキング技法を存在の可能性への企投を試みるクライアントのケア実践を記述するためのケアの技法の１つとして位置付ける。トラッキング技法は，クライアントに対し，世界構成を語る出発点（Watzlawick et al. 1967）となる行為を選択させ，その記述に続く行為，言い換えると，この出発点の行為を文脈として，以後の行為の連続過程の記述を求める文脈を意識した質問群である。このケア実践の記述は，日常生活における出来事の説明法を純化させた時系列での記述法である。この時系列で記述された要素群が，問題場面の生成構造と力学の評定データとなる。つまり，クライアントと他者の間の問題場面での相互の行為連鎖を引き出す力として作用する期待の構成要素を浮上させ，その差異化を試みるための第１段階のデータとして位置づけられる。この問題増幅過程を記述したデータの個々の要素の差異化が試みられるならば，個々の局面で新たなケア実践が生成する。

　このトラッキングの技法は，複数の循環的質問法を連続的に使用する技法群の総称である。トムは循環的質問法の各類型の組み合わせについて，明確には言及していない点を付記しておく。それゆえ本書での時系列で記述を促す際の質問は，文脈を加味した質問法であり，従来の循環的質問法の類型の「時間的文脈の質問」と「カテゴリーの文脈の質問」を主軸として構成される複合的な技法である。これらの技法を連続的に使用し，行為選択と意味構成の要素が抽出される。クライアントの記述には，無意識的な文脈に依拠した構成が入ると見なすべきであろう。この無意識的な文脈が，本書における期待である。この期待抜きに，トラッキング技法を用いることは，単なる行為と行為の結合が示されるのみで，連鎖の力学の記述には至らない。

　問題場面のトラッキングにより，問題場面を生成する無意識的な文脈に依拠した期待の構成要素が明らかになる。それぞれの構成員は，互いに相手の問題行為から行為全体の連鎖を説明するであろう。たとえば，「あの人がこ

んなことをしたので，私はこう対抗するしかなかった」という前提で，1人の構成員は，行為連鎖を記述する。ここでの説明は，理にかなっているように思えるが，語る人の文脈に沿った記述であることを押さえておこう。この記述は，クライアントの文脈に基づき構成された出来事であるがゆえ，むしろ出来事は構成されて初めて出来事になるがゆえ，常にその真偽の決定はできない。しかし，当事者たちは自分の説明の正当性を疑わない。つまり文脈依存的であることを意識していないのである。トラッキングをすることは，これらの出来事構成法の文脈の差異化の局面を顕在化させる機会を与えるデータをクライアント自身が収集することになる。

4．期待の差異化

　クライアントが，自らの構成法（文脈）を差異化する引き金として，行為連鎖のデータのリフレクションを試みるならば，ある場合では，単に行為の比較のみで変容が生じうる。しかし行為全体の連鎖は，密に結合しているので，行為全体の差異的記述，つまり1回のリフレクションのみで変容するのはまれである。行為連鎖を差異化するためには，1つの行為全体の差異化を次の行為全体の差異化へと引き継ぐ力，つまり期待の差異化が求められる。

　1つの言語行為全体の差異化を次の言語行為全体の差異化へと引き継ぐ力である期待の要素は，この言語行為全体を，メッセージ内容と他者への期待とに区分して記述することを求めることで顕在化する。そして必要に応じて，期待はメッセージ理解法への期待 [em] と行為遂行への期待 [es] とに細分化した記述が，クライアントには求められるであろう。もちろん，他者の言語行為への意味構成についても，クライアントはリフレクションを求められる。

　期待に焦点化して変容，つまり新たなケア実践の生成を試みるならば，支援者としてのケア実践としての技法は，クライアントに対して，以下のようなリフレクションを促す質問法の選択になるであろう。それは，1つの行為全体に対し，「最初に○○と相手が言われたのですね。その時その言い方をどう思われましたか？」などの，クライアントが，相手のメッセージの内容と行為全体を差異的に記述できることへ関心を向けた質問である。クライア

ントが，相手の行為を「その時はひどい言い方だと感じたが，もう1回冷静
に振り返ると，苦しかったのだと思う」とリフレクトしたとしよう。さらに
続けて，「相手の人は，あなたにどうしてほしかったのでしょうか？」と，
クライアントに，相手のメッセージ伝達行為に対する自身の期待の構成の記
述を促す。ここでは，クライアントがメッセージを受け取った時点での期待
の構成と，再記述する現時点での差異的記述が図られている。つまり，これ
は期待の差異化の質問である。「その時は喧嘩を売っているとしか思えな
かったのですが，今思えば，慰めてほしかったのかもしれません」など，期
待が差異的に記述される。支援者は，「実際，その場であなたが慰める行動
を選択していたら，どうなったでしょうか？」と，他者の世界構成の可能性
への関心に基づく新しいクライアントのケア実践の可能性についての記述を
促す。ここではトラッキングを土台とした事態の記述法が採用され，行為全
体の差異化，そして期待の差異化が同時に試みられている。

　その後，記述された要素群に対してリフレクションが求められる。とりわ
け，そこでの行為に随伴する期待に焦点化した，循環的質問法の実践により，
水平力学の差異生成が試みられる。このような差異生成の技法論は，トムの
循環的質問法の議論においては述べられておらず，それゆえ，トラッキング
からリフレクションの段階において，メッセージ連鎖の力として作動し，そ
の差異化がシステム全体の力学の変容につながる，期待の差異化の技法は，
明確な循環的質問法の改善点と言えるであろう。

5．期待の構成要素の変容段階と技法選択例

　以下では，変容段階論に準じた期待の記述とその差異化過程で選択される
技法群の概略を述べてみたい。

　以下の差異化のための第1段階のデータは，クライアントの訴えの記述が
促され，出来事群のトラッキングにより，言語行為の連鎖の形式に変換され
る過程で収集される。

　たとえば，母親（CL[4]）が，「こども（IP[5]）のことを理解できない」と訴え，
母子間では，日常的に対立が起こっていたとしよう。その具体的な場面の1
つを取り上げ，トラッキング技法を用い，以下のような要素が記述されたと

する。s は言語行為全体を意味する speech act の略である。

① CL‐s1：（母親から）「おはよう」（と話しかけた）
② IP‐s2：（返事をしない）
③ CL‐s3：（しばらく待って）「なぜ返事をしないの」（と怒った）
④ IP‐s4：「うるさい」（と言い自分の部屋に閉じこもった）

　この①〜④は，母親が構成した母親と子どもとのトランズアクション過程で選択された行為群である。この行為群の相互の生成力学は，1つひとつの行為を取り上げ，その期待の構成要素を記述することで具体的に考察される。

　母親が，仮に自分のメッセージ伝達行為（①）に随伴させた期待（子どもにどう理解してほしかったのか [em] といかなる行為を子どもに選択してほしかったのか [es]）を記述するならば，それを文脈として，子どもに対しては，①への子どもなりの期待の構成法の記述を促したり，子どもの②のメッセージ伝達行為に随伴させた母親への期待の構成のリフレクションを促したりすることができる。そこでは，相互に期待の差異化が生じる。

　実際の支援場面においては，トラッキング場面で，期待まで細分化した世界構成法の出現を試みる場面もあれば，変化を意図する段階でこの細分化を試みるというように，期待を浮上させる手法は固定化したものではない。

（1）期待の記述段階と技法

　以下では，子どもが期待の記述段階で，母親のメッセージへの期待の構成を記述したのち，リフレクション段階で，それを差異化していく問題解決過程を例示している。ここで例示される技法は，各段階での質問の意図から，第3章の表1〜表4で示す記号を用いて類型化する。詳しい類型化の方法は，第3章で論じるが，ここでは支援者のケアとしての技法には，複数の差異化の意図が伝達されることを前提に，主分類と副分類に分けた記述法を示す。以下，SW は social worker の略である。

SW1：「おはよう」と母親から声をかけられてどんな気がした？（eCCa2／eCCa1）

この SW1 の質問は，主として母親のメッセージ① CL‐s1 への IP の期待構成 m[em]（期待の意味構成）の記述（eCCa2）を，そして副分類としては，子どもが選択する行為に伴う期待 s[es] の記述を促した質問である（eCCa1）。

IP2：別に。いつも母親が勝手に言っているから関係ない

IP は，CL の言語メッセージに対し，期待を構成することを拒否する。

SW3：もう少し教えてくれる？（eCDc／eCCa2）

この SW3 の質問は，IP が，母親のメッセージ全体に対し，「勝手に言っている」と意味構成したことを取り上げ，そのような構成が可能な母親の行為の記述（そのような構成にならない母親の行為との区別）を明確にするための質問であり，eCDc が主分類である。そして，その行為への期待の構成の記述を，副次的には意図していたので，副分類は eCCa2 であった。

IP4：自分がどういう気持ちでいるかも考えず，いつも同じように「おはよう」と言うから，別に答えを期待されているとは思わない

IP は，CL の「おはよう」のメッセージに対し，自分を理解した行為ではないし，応答することも期待されていない（m[em, es]）と構成していたことを記述した。

SW5：そうか，お母さんの「おはよう」は，自分を理解しようとしてくれているようには思えないし，あなたが応答することを求めているとも思えなかった……で，どうしたの？（eCCa1／eCDc）

SW5 では，IP の記述を繰り返し，CL の言語的メッセージへの期待の構成法を文脈に，IP が選択した行為に随伴させた期待の記述を求めた（eCCa1）。それは，IP の期待の伝達行為と結びつく，IP が期待する母親の次のメッセージ伝達行為の顕在化を意図していたので，副分類は eCDc であった。

> IP6：うん。母親はその一言で終わって，後は何も言わないからね。だから何も言わなくていいかなって

ここでの IP は，母親のメッセージ伝達行為を細分化せず，母親が「おはよう」以外の言語的メッセージを選択しないことが，IP の期待の構成力の衰退となっていた。

次に，母親に対し，子どもの期待の記述（IP6）を文脈に，自らの行為選択①の期待の伝達についての再記述を求める。

> SW7：「お母さんの『おはよう』は，自分に応答を求めていない」と息子さんは思っておられるようなのですが……（eCDc／eCCa1）

この SW7 の質問は，CL に対し，自らのメッセージ選択① CL - s1 で伝達しようとした，IP への期待の伝達と IP の記述との差異的記述を促す質問である（eCDc）。そしてそれを文脈に，実際 IP にどう行動をしてほしかったかの記述を促す eCCa1 が副分類であった。

> CL8：そんなことはありません。もう学校に遅刻するのは解っていたのですが，「なぜもっと早く起きてこないの」と責める言い方はしたくなかったので，気持ちを抑えて「おはよう」と言いました。それが精いっぱいでした。遅れても行ってくれればと思っていたのですが……

この CL8 は，CL が，CL - s1 の①「おはよう」というメッセージを伝達した際の期待 s[em, es] の記述である。CL は，IP が学校に行くための行動を今からでも始めてほしいと期待していた s[es] こと，IP の気分を害さない

ように，気持ちを抑えた行為（s）であると理解してほしいs[em]という期待を表現した。

SW9：言い合いになるのが嫌で，気持ちを抑えておられた……。何とか自発的に息子さんが登校してくれればという気持ちがあった……（eCDc／eCCa1）

　ここでは，母親が伝達した期待s[em]を確定するために，母親の記述が，繰り返された（eCDc）。そしてCLの期待の構成を文脈にした，IPに対し期待する行為についての確認が求められているので，副分類はeCCa1であった。

CL10：はい

(2) 期待のリフレクション段階と技法
SW11：（IPに向けて）お母さんは，「おはよう」と言ったとき，あなたが自発的に登校することを期待しておられたようだけど，今聞いてどう思う？（eCDc／eCDd）

　CLがメッセージ① CL-s1で伝達した期待s[es]をSWが言語化した上で，IPに対し，自分が構成したCLの行為への期待との差異的構成を促す質問が，ここでは選択されている（eCDc）。そしてその差異的構成を文脈とした，CLの新しい伝達行為の提案を促すことが意図されていたので，副分類はeCDdである。

IP12：だったらはっきり，「早く学校に行って」と言えばいいのに

　このIP12のメッセージでは，解決行為として，母親の行為選択全体sの肯定的な意味の再構成が表明されている。ただし，それは安定した意味構成ではない。はっきりと言えない母親という否定的意味合いもそこには含まれ

ている。以下では，肯定的な意味を強化していく展開例を示す。

SW13：（IP に向けて）じゃあ，あなたがある朝，もう学校には間に合わ
　　　ない時間に起きたとしよう。お母さんは「おはよう」と言って，続けて
　　　「早く学校に行って」と言ったとしよう。その時あなたは，お母さんの
　　　メッセージをどう感じるでしょうか？（eCCa2／eCCa1）

　このSW13の質問は，時間的差異の質問を軸にして，CLの行為が，IPの
提案した行為になったとき，IPの期待構成がいかに差異化されるかを記述
させる質問である（eCCa2）。そして，その期待構成を文脈とした，IPのCL
への期待の伝達行為の記述を求めているため，副分類は，eCCa1である。

　このように支援者の質問は，CLとIP間の期待の構成の差異化を意図して，
記述とリフレクション段階を区分して選択される。この仮想事例では，①
CL‑s1と②IP‑s2のメッセージにおける，CLとIPの両者の期待の構成
m[em, es] と s[em, es] を記述させ，その差異生成を，時間的差異を軸に
試みた過程を示した。
　①CL‑s1「おはよう」に対するIPの期待構成は，トランズアクションへ
の拒否という構成原則を文脈に，「何の行為選択も求められていない」と期
待を構成していた。このIPの記述をもとに，SW7で母親に，「おはよう」
のメッセージに随伴させたCL自身の期待（学校に行く行動をしてほしかっ
た，不快にさせたくなかった）を記述させたことで（CL8），IPは，自らの
期待構成を差異化する機会を得た（IP12）。
　上記のようにCLの期待と，IPの期待についての再構成を促す過程を顕在
化させるならば，双方の期待の差異化の力学は活性化する。IPがIP12で提
示した「『早く学校に行って』と言えばいいのに」を文脈として構成された，
「母親がそれを実行したらどうなるのか」というSW13の質問は，CLに対し，
気持ちを抑えたメッセージの伝達（CL‑s1）行為の具体的な差異化を促す
ことにもなるだろう。つまり，気持ちを抑えることなく伝える行為に変更す
る（CL‑s1′）というIPの期待に見合う行為をすることで，CLが伝達する

IPへの期待 s[em, es] も差異化する。SW13 以降で，さらに IP の構成法の差異化の力学を増大させる質問をするならば，IP と CL 間のトランズアクション過程の変容力は増大するであろう。ただし，CL がそれを実行した場合，それは IP の既存の特徴的な CL のメッセージへの構成法を崩壊させる力を有しているため，この段階での実行は容易ではないかもしれない。

Ⅲ. 小　括

　本章では，問題場面での行為と行為を連結させる期待の構成要素をトラッキングにより明らかにした上で，その期待の構成要素のリフレクションを促す変容段階論を論じた。そして期待の要素を具体的な介入ポイントとして選択し，それに対して明確な差異化の技法を用いた支援過程が例示された。それは，母子それぞれが，相手の存在の可能性へ関心を向けた行為の選択が，自らの新たな世界構成の開始となり，それが，CL と IP のコミュニティ全体を変容する文脈になることを論じた。

　なおここでは，話を単純にするため，ものへの期待のリフレクションの実際については省略した。

[注]

1　変容段階論については，加茂（2014）も参照のこと。ここではケアを中心に論じた。

2　コンプリメントは，Miller（1997）や大下（2008a）を，ポジティブ・リフレーミングについては，Weeks and L'Abate（1982）や Watzlawick, Weakland and Fisch（1974）を参照のこと。循環的質問法と解決志向の質問法とポジティブ・リフレーミングや逆説処方の併用法の実際は，大下・小川・加茂（2014）『ファミリー・ソーシャルワークの理論と技法――社会構成主義的観点から』の第3部事例編を参照のこと。また逆説処方と家族支援への応用については、長谷川（1987）を参照のこと。

3　排除の力学については，西谷（1998）を参照のこと。なお，執行・神成・加茂・大下（2014）も参照のこと。

4　CL は client の略で，問題を訴える人を指す。

5　IP は Identified Patient の略で，関係性の中で，他者から患者（問題を持っているひと）とみなされた人を示す用語。問題を訴えるクライアントとは異なる。

第3章

ケアの技法とコミュニティの生成（2）
――ケアの技法類型と選択法――

はじめに

　本章では，循環的質問法を中心とした支援者のケアの技法が，クライアントの本来的なケアの生成に貢献する，つまり新しい世界構成への可能性への一歩を踏み出す差異となるメッセージ選択になる過程を説明するために，支援者の技法とクライアントの反応，そしてその反応に基づく支援者の技法，そしてその技法に応じた次のクライアントの応答……という文脈依存的に技法が選択される過程を論じる。

　トムは，循環的質問法を2008年に改編している（Hornship, Tomm and Johansen 2008）。要約して述べるならば，その違いは，循環的質問法を提示した当時の直線的か循環的かで区分する4類型から，クライアントと支援者の協働関係と時間軸を中心とした12類型へ切り替えられたことである[1]。しかしながら，複雑化した12類型が，クライアントのどのような語り（構成要素）に対して選択されるのか，さらに各質問法の連続的使用法により，差異生成の文脈がどう変化するのかについては明確に論じられてはいない。

　そこで本章では，循環的質問法を以下の2つの方法で洗練させ，新しい技法論を論じてみたい。1つは，クライアントの記述に対する支援者のメッセージは，複数の差異化の意図を伝達しうることを考慮し，支援者の質問法の一つひとつを主分類と副分類に区分して説明する（Oshita 2016）ことである。もう1つは，支援者が選択する技法を，差異化の構成軸と期待の変数に区分した類型を示し，それらを用いて変化の力学を説明することである。クライアントの記述に対し，支援者がその構成軸を主としてどこに置いた質問を選

択したかから，もの軸（io: inanimate object と bi: body image）と人軸を区分
した類型化の記号を使用する。そして期待の要素についての質問は，行為選
択や意味構成の差異化についての質問とは異なる類型化の記号を使用する。
これらの区分法を用いることで，クライアントの語りの構造のマップを作
り，その差異の生成過程を示す。

Ⅰ．技法の類型

　本章で示すケアの技法は，トムが定式化した初期の循環的質問法（Tomm
1985）の類型を基に，差異生成を意図する構成軸を，対人と対ものに細分化
した差異生成の技法群である。さらにトムの循環的質問法では，メッセージ
伝達行為の意味の差異化を試みる技法が中心であった点を踏まえ，メッセー
ジ伝達行為に伴う期待の差異化という変数を入れ込んだ技法群として再構成
する。ここでの期待の差異化は，本書でのケアの概念に基づき，他者の世界
構成の可能性に関心を向けた差異化力を有する期待の要素の生成を意味す
る。

　そして，変容手順に準じた支援過程で，支援者が選択する一つひとつの質
問法は，以下の表1〜表4で示す類型の記号を用いて記述される。そして支
援者の質問法とクライアントの期待の差異生成との力動的関係性を記述す
る，記号表記法の考察に用いられる。ここでは，技法の類型について述べて
みたい。

1．類型の再構成：構成軸

　まず，トムの循環的質問法の基本類型を人に関する構成軸の類型とし，も
のに関する構成軸を加え（表1と表2），さらに期待の変数を加えた類型（表
3と表4）を示す。

（1）人とものの構成軸と記号

　表1と表2の大類型と小類型は，トムが当初提示した循環的質問法の類型
である。それを略記号の列で示すように，人とものに区分して略記号を設定

した。略記号の作成方法は，循環的質問法の大類型の英語表記の頭文字と小類型の分類記号を組み合わせて使用し，もの的世界の質問に対しては，英語表記の頭文字に加え，inanimate object の略で（io）と，身体に関する場合は body image の略で（bi）を付す。この記号は，筆者がオリジナルに設定したものである。対人的世界で使用される循環的質問法の各質問についての説明は，ここでは割愛する[2]。

(2) もの軸の循環的質問法

　トムの循環的質問法の小類型に，もの軸を入れた新しい循環的質問法について述べてみたい。

　① もの的世界における差異の質問

　1）カテゴリーの差異の質問（CDa（io, bi）〜 CDf（io, bi））

　CDa（io, bi）は，行為に伴うものについての人と人との違いを問う質問である。たとえば，彼／彼女の行動に伴うものに対して，「そのものの使用法について，日常話をするのは母親とですか，それとも父親とですか？（CDa（io））」という質問である。同様に，身体（bi）については，「あなたの身体の特徴を気にしているのは，あなたの父親ですか，それとも母親ですか？（CDa（bi））」という質問である。

　CDb（io, bi）は，クライアント（あるいはその他の成員）に対して，ものを軸にした関係性の違いを問う質問である。たとえば，「スマートフォンの使用をめぐって対立的になるのは，あなたと母親との間ですか，それともあなたと父親との間ですか？」という質問である。身体の場合は，「あなたの身体的健康について，よく話し合いをするのは母親との間ですか，それとも父親との間ですか？」という質問である。

　CDc（io, bi）は，特定の誰かについてではなく，言語行為の際に使用するものをめぐる考え方の差異を浮上させる質問である。たとえば，「あるものに対しての関わり方で，父親の関わり方と母親の関わり方は，どちらがあなたの関わり方に近いですか？（CDc（io））」と問い，あるものへの考え方の違いを顕在化するときに使用される。身体の場合は，「身体を清潔にすることへの関心の高さが，あなたと同程度の友人はいますか？（CDc（bi））」

第 I 部　理論編

表1　新しい循環的質問法の類型と略記号一覧1

1. 差異の質問 (Difference Questions: DifQ)				
大類型	小類型		略記号	
			対人	対もの
カテゴリーの差異 (Category Differences)	a)	人と人（ものともの）	CDa	CDa(io, bi)
	b)	関係と関係	CDb	CDb(io, bi)
	c)	認識，思考，あるいは信念	CDc	CDc(io, bi)
	d)	行為と行為	CDd	CDd(io, bi)
	e)	過去における（ものの）類型の差異	CDe	CDe(io, bi)
	f)	未来における（ものの）類型の差異	CDf	CDf(io, bi)
時間的差異 (Temporal Differences)	a)	過去と過去	TDa	TDa(io, bi)
	b)	過去と現在	TDb	TDb(io, bi)
	c)	過去と未来	TDc	TDc(io, bi)
	d)	現在と未来	TDd	TDd(io, bi)
	e)	未来と未来	TDe	TDe(io, bi)
差異の順序付け (Ordening a Series of Differences)	a)	1人による区分	OSDa	OSDa(io, bi)
	b)	複数人による区分	OSDb	OSDb(io, bi)

という質問である。

　CDd (io, bi) は，特定のものに対する行為の差異から，行為の意味の差異を浮上させる質問である。たとえば，「ハンガーに掛けてある制服と，床に置いたままの制服を見たときでは、あなたの子どもさんへの応答に違いがありますか？ (CDd (io))」など。身体の場合は，「吐くまで食べてしまうときとコントロールできたときで，あなたの行動に違いがありますか？ (CDd (bi))」など。

　CDe (io, bi) は，過去におけるものの類型の差異と，CDf (io) は，未来におけるものの類型の差異の質問で，社会化されたあるものの意味類型が，過去においても未来においても一義的ではないため，その多義的な構成を浮

上させるために用いる質問である。たとえば，「小さい頃，○○を見ると腹が立ったと言われましたが，腹が立つ以外に，そのものをどう感じていましたか？（CDe（io））」など。身体の場合は，「この先今以上に，鉄アレイを使って鍛えられた身体は，あなたにとってどのように感じられるでしょうか？（CDe（bi））」という質問。

2）時間的差異についての質問（TDa（io, bi）〜TDe（io, bi））

この質問類型は，時間経過を軸として，同一的な身体やものの意味は存在しないため，ある明確な時点でのものの意味を指標として，その時点から過去と過去，過去と現在，過去と未来，現在と未来，未来と未来を軸に比較し，ものの意味への差異を作り出す質問法である。たとえば，現在と未来を軸に，身体について問うならば，「今あなたは，食後の自分の身体状態が気になるようですが，数年後，あなたが○○の年齢になったら，あなたは今と同じように自分の身体を気にしているでしょうか？（TDd（bi））」など。

3）差異の順序付けについての質問（OSDa（io, bi），OSDb（io, bi））

もの群に対し，主体単独であるいは複数人で，ものへの意味付けを順序化するよう促す質問である。「これまで家族と一緒に外食して食べたものの中で，一番嫌いな食べ物は何で，次は何ですか？（OSDa（io））」など。複数人で用いる場合は，たとえば，家族構成員それぞれに同様の質問をし，構成員相互間での順序付けを行う（OSDb（io））。身体の場合は，「家族みんなが，身体の部位で一番臭いを気にしている部位はどの部位？ その次はどこ？（OSDb（bi））」という質問。

② もの的世界における文脈の質問

表2は，ものの類型を入れた文脈の質問の一覧である。

1）時間的文脈（TCa（io, bi）〜TCc（io, bi））

これは二者間でのものへの行為の結果（TCa（io, bi）），三者間でのものへの行為の結果（TCb（io, bi）），そしてそれ以上の人間間でのものへの行為の結果（TCc（io, bi））を問う質問である。たとえば，もので言えば，「あなたとお父さんが母親への誕生日プレゼントとして靴を選ぶ話し合いはどうなりましたか？（TCa（io））」であり，身体で言えば，「身体の臭いを確認

するあなたの行為は，友人と3人でいる場面ではどうなりましたか？（TCb
(bi)）」など。

2）カテゴリーの文脈

この質問群は，重層的文脈の差異化力を有する。以下，順に見てみたい。

a）意味と行為との連関（CCa1（io, bi），CCa2（io, bi））

CCa1（io, bi）は，ものの意味構成を文脈とした，ものを伴う行為に関す
る質問で，たとえば，「他者があなたの靴の臭いを気にしていると気づいた
あと，どうしましたか？（CCa1（io））」など。これは，靴が臭うことを文
脈として，選択される主体の行為の記述を促す質問である。足の臭いについ
て問うならば，（CCa1（bi））である。

CCa2（io, bi）は，ものに対する言語行為を文脈とした，それへの意味構
成の記述を促す質問である。たとえば，「あなたが臭いのもとを消すために，
自分の靴の付着物を取ろうとしたとき，付着物や靴をあなたはどのように感
じましたか？（CCa2（io））」や，「あなたの身体に臭いの原因があると言わ
れて，ご自分の身体のことをどう思いましたか？（CCa2（bi））」など。

b）重層構造のレベルの連関（CCb1（io, bi）～CCb6（io, bi））

CCb1（io, bi）は，ものが提示する情報を文脈としたものへの主体の行為，
あるいは主体のものへの行為を文脈とする，ものの具体的な意味付けのメカ
ニズムの差異化を試みる質問である。たとえば，「娘さんが食べ残している
ものは，何を意味していると思いますか？（CCb1（io））」というような，
食べ残しの量を文脈として，娘の行為選択への意味付けの差異を問う質問で
ある。身体の場合は，「娘さんの身体（やせ）の変化をあなたが指摘する内
容を変化させることは，娘さんの身体への関与法に何か影響があるでしょう
か？（CCb1（bi））」など。

CCb2（io, bi）は，ものと構成員間のメッセージ伝達行為を文脈とした，
出来事の意味付けあるいはその逆の質問で，「料理を食べ残すことについて，
毎日のように子どもさんを叱っている（出来事）ということですが，食べ残
すことを注意する仕方について（行為）どう思われていますか？（CCb2
(io)）」など。身体については，「自分の身体の変化を毎日事細かくチェック
されているようですが，そうしてみる行為にはどんな意味がありますか

第3章　ケアの技法とコミュニティの生成（2）　　　69

表2　新しい循環的質問法の類型と略記号一覧2

2．文脈の質問（Contextual Questions: ConQ）					
大類型		小類型	略記号	小類型	略記号
		対人		対もの	
時間的文脈 (Temporal Contexts)	a)	二者間での先行する行為を文脈とする行為群の連鎖	TCa	先行的なものの使用を文脈とする二者間での行為群	TCa(io, bi)
	b)	三者間での行為群の連鎖	TCb	ものの使用を伴う三者間での行為群	TCb(io, bi)
	c)	それ以上の人間間での行為群の連鎖	TCc	ものの使用を伴うそれ以上の人間間での行為群	TCc(io, bi)
カテゴリーの 文脈 (Categorical Contexts)	a)	1．行為への意味付けを文脈とした行為	CCa1	ものの情報を文脈としたものへの行為	CCa1(io, bi)
		2．行為を文脈とした意味付け	CCa2	ものへの行為を文脈としたものへの意味付け	CCa2(io, bi)
	b)	1．言語内容[1]を文脈とする行為への意味付けあるいはその逆	CCb1	提示されるものの情報を文脈とするものへの変容行為の意味付けあるいはその逆	CCb1(io, bi)
		2．行為への意味付けを文脈とする出来事定義あるいはその逆	CCb2	ものへの変容行為への意味付けを文脈とするものの生成に関する出来事定義あるいはその逆	CCb2(io, bi)
		3．出来事定義を文脈とする関係性定義あるいはその逆	CCb3	ものを軸にした出来事定義を文脈とするものの相互間の関係性定義あるいはその逆	CCb3(io, bi)
		4．関係性定義を文脈とする自他あるいはその逆	CCb4	ものとものとの一般的な関係性定義を土台とする固有のものの定義あるいはその逆	CCb4(io, bi)
		5．自他定義を文脈とする家族神話（言説等）あるいはその逆	CCb5	一般化されたものの定義を文脈とする，ものに関する家族神話あるいはその逆	CCb5(io, bi)
		6．1〜5の複合	CCb6	6，1〜5の複合	CCb6(io, bi)

1　ここでの言語内容は，明確に言語レベルに限定されていない。そのため，行為全体（s）を意味する。

（CCb2（bi））」など。

CCb3（io, bi）は，人とものとの出来事を文脈に，自己ともの（や身体）との固有の関係性定義を作り出す過程，あるいは自己ともの（や身体）との関係性定義を文脈に，出来事定義を差異化するために用いる質問である。たとえば，「子どもさんが食べ残すことが予測されても，料理を作り続けておられるのは，手料理を出すことをどのように考えておられるからでしょうか？（CCb3（io））」，あるいは，「料理をするとき，体を支える道具を使いながらでも，毎日料理を作り続けておられることは，子どもさんとの間でどのような関係づくりになると考えておられるからでしょうか？（CCb3（bi））」など。

CCb4（io, bi）は，人とものとの関係性定義を文脈とした統制不可能なものとして一般化されたもの（無能な自己というモノ化された自己定義も含む）について問い，このメカニズムの差異化を促す際に用いる。たとえば，「子どもさんの食べ残しの量が増えている中でも，子どもさんはいくらかでも食べ続けているということは，あなたの料理の工夫や食事場面での工夫があるのではないかと思うのですが，ご自身で気づかれていることはありますか？（CCb4（io））」など。身体については，「あなたはたいへん困難な自分の身体症状のコントロールに取り組まれていますが，それに取り組み続けられている自分をどのように思いますか？（CCb4（bi））」など。

CCb5（io, bi）は，イデオロギーや言語理論などのグランド・ナラティブが提示する人とものの存在様式についての一般化した定義を文脈とし，家族内のトランズアクションを通して，家族神話が生起する力学を差異化させる質問である。たとえば，「食べ残しをしないようにすることは大切な躾ですが，ご家族でそれに取り組まれてみて，それが家族のきまりであることを，どのように感じておられますか？（CCb5（io））」など。身体に関しては，「一般的には肥満の水準にならないことが大切だと言われていますが，あなたの家族では，どのように感じておられますか？（CCb5（bi））」など。

CCb6（io, bi）は，上記 CCb1（io, bi）から CCb5（io, bi）の質問を複数結合させた質問である。たとえば，「子どもさんの食べ残す量を指摘することで（CCb1（io）），子どもさんとは食事場面で対立的になっておられて

第3章 ケアの技法とコミュニティの生成 (2) 71

も（CCb3 (io)），料理を作って食べさせていくことを地道に続けておられ
るご自身のこと（CCb4 (io)）をどう思いますか？」など。身体に関しては，
「あなたの身体の臭いを人から指摘されたと思って（CCb1 (bi)），臭いの除
去作業をこれまで繰り返し実践し（CCb2 (bi)），他者に受け入れられる自
分になろうとしてこられた（CCb3 (bi)）と思いますが，あなた自身の身体
が全く臭わない状況になったら相手との関係性はどうなるでしょうか？
（CCb4 (bi)）」など。

2．類型の再構成：期待

　従来の循環的質問法の差異構成力を強化するため，ここでは，期待に焦点
化した質問法を提示してみたい。

　たとえば，「主体間での期待と期待」は eCDa と表記されるが，厳密に表
現するならば，これは「他者たちはどのように，期待相互の差異の構成を求
めたのか」という意味構成 [em] を問う側面と，「他者たちはいかなる行動
の遂行を期待していたのか」という期待の行為選択 [es] を問う側面に区分
される。他の質問類型についても同様な側面の区分がなされる。この点を明
確にして，期待の質問類型を図示するべきであるだろうが，あまりにも記号
表記が複雑になるので，記号の表記は省略する。

（1）期待と差異の質問

　① カテゴリーの差異（eCDa 〜 eCDf）

　eCDa は，主体間での期待の要素を浮上させ，既存の期待群の差異化を試
みる質問である。「あなたの進学についての主張は，父親にはどのように理
解されていると思いますか？　母親にはどうですか？」など。ここでは，ク
ライアントと父親と，クライアントと母親の間でのそれぞれの期待の理解法
の差異的記述が求められている。

　eCDb は，期待を軸にした関係性の差異を問う質問で，たとえば，「あな
たと妹さんが勉強している場面でのお母さんのメッセージは，あなたを励ま
している感じでしょうか？　それとも妹さんを励ましている感じでしょう
か？」という質問である。

72 第Ⅰ部　理論編

表3　新しい循環的質問法の類型と略記号一覧3（期待）

1．差異の質問 （Difference Questions: DifQ）			
大類型		小類型	略記号
カテゴリーの差異 (Category Differences)	a)	主体間での期待と期待	eCDa
	b)	関係と関係	eCDb
	c)	認識，思考，あるいは信念	eCDc
	d)	期待群	eCDd
	e)	過去における期待の類型の差異	eCDe
	f)	未来における期待の類型の差異	eCDf
時間的差異 (Temporal Differences)	a)	過去と過去	eTDa
	b)	過去と現在	eTDb
	c)	過去と未来	eTDc
	d)	現在と未来	eTDd
	e)	未来と未来	eTDe
差異の順序付け (Ordering a Series of Differences)	a)	1人による区分	eOSDa
	b)	複数人による区分	eOSDb

　eCDc は，期待それ自体についての認識，考え方，信念（期待の理解法に関する側面）の差異を問う質問である。たとえば，「お母さんが，あなたに向かってため息をつくときは，たいていあなたに何を言おうとしているときだろうか？」など。

　eCDd は，期待される行為の類型を尋ね，既存の期待行為群の構造の差異化を試みる質問で，たとえば，「父親が落胆した時によくとる行動だと思ったとき，あなたは，たいていどうしますか？」などである。

　eCDe は，過去における期待の差異に関する質問である。たとえば，「以前相手があなたに『〇〇』と言ったときは，そのことを××と思ったと言われていましたが，他に言い換えるとしたらどうなりますか？」など。

　eCDf は，未来軸での期待の差異に関する質問である。

第3章　ケアの技法とコミュニティの生成（2）　　73

　たとえば，「友人があなたに優しく『▼▼』と言ってくれるようになったら，
その時は何を期待されていると思うでしょうか？」など。

　②　時間的差異（eTDa ～ eTDe）

　この技法群は，ある特定の時間，歴史的な背景を考察の地点として設定し，
その前後のトランズアクションの記述を求め，既存の期待（理解方法と反応
の側面）についての時間的な差異を作り出す質問である。たとえば，eTDa
の過去と過去の場合，「あなたが病気になる前と後で，あなたの成績につい
て言及するお父さんのメッセージから，あなたが受けとれる内容に変化があ
りますか？」など。

　eTDb の過去と現在の場合，「病気が分かった当初と今では，母親があな
たに「○○」というとき，期待されていることに違いがありますか？」など。

　eTDc の過去と未来の場合，「5 年前にあなたが親から期待されていたこと
は，今から 5 年経ったらどうなっているでしょうか？」など。

　eTDd の現在と未来の場合，「今あなたは，親の期待に応えようとしてい
ますが，10 年後も期待に応え続けているでしょうか？」など。

　eTDe の未来と未来の場合，「親から今の期待がまったくなくなったら，
あなたは親に対してどのような応答をしていると思いますか？」など。

　③　差異の順序付け（eOSDa, eOSDb）

　eOSDa は，「誰からの『勉強しろ』というメッセージが，一番あなたを勉
強する行動へ向かわせますか？　その次は？」と期待（ここでは期待の行為
の遂行力）の強さの順序付けを問い，期待を巡る家族力学の記述を促し，そ
の差異化を作り出す質問である。

　eOSDb は，たとえば，「お母さんが○○と言われた時，最もお母さんの期
待していることは何でしょうか？」と家族構成員それぞれに記述を促す質問
である。

（2）期待と文脈の質問

　①　時間的文脈（eTCa ～ eTCc）

　eTCa は，二者間でのメッセージの理解方法と反応の期待の交換連鎖全体
を浮上させ，その差異化を試みる質問を指す。たとえば X に対し，「Y が

74　　　　　　　　　　第Ⅰ部　理論編

表4　新しい循環的質問法の類型と略記号一覧4（期待）

2．文脈の質問（Contextual Questions: ConQ）			
大類型		小類型	略記号
時間的文脈 （Temporal Contexts）	a)	二者間での期待の作用	eTCa
	b)	三者間での期待の作用	eTCb
	c)	複数人での期待の作用	eTCc
カテゴリーの 文脈 （Categorical Contexts）	a)	1.　他者より送信された期待への主体の意味構成 　　を文脈とした，主体の期待送信	eCCa1
		2.　主体の期待送信を文脈とした，他者の期待へ 　　の意味構成	eCCa2
	b)	1.　言語内容を文脈とする期待への意味付けある 　　いはその逆	eCCb1
		2.　期待を文脈とする出来事定義あるいはその逆	eCCb2
		3.　出来事定義を文脈とする規則化された関係性 　　の定義あるいはその逆	eCCb3
		4.　関係性の定義を文脈とする世界内での自己存 　　在の定義あるいはその逆	eCCb4
		5.　世界内存在での自己定義を文脈とする家族神 　　話（言説）あるいはその逆	eCCb5
		6.　1～5の複合	eCCb6

○○と言い出したら，たいていどういうことになってきたか，詳しく教えて
もらえますか？」など。

　eTCb は，三者関係での期待の作用，eTCc は，広範な人数での期待の作
用に関する質問で，上記 eTCa と同様の質問の形式を用いる。

　②　カテゴリーの文脈

　a）期待の意味構成と期待の伝達行為との連関（eCCa1，eCCa2）

　eCCa1 は，他者のメッセージへの主体の期待の意味付けを文脈として，主
体が他者に向けて選択した期待の伝達行為についての記述を促し，その差異
化を試みる質問法である。たとえば，「X の○○のメッセージを聞いて，あ
なた（Y）は◇◇することを期待されていると思ってどうされたのですか？」
と，Y に対して X への期待の伝達行為の記述を求めたり，「X から◇◇と伝

達された時，あなたは相手（X）に何を期待してその反応をしたでしょうか？」とXへの期待の伝達行為の記述を促したりする。

eCCa2は，eCCa1の反対の力学の差異化の質問である。それは主体が他者からの伝達行為を文脈として，そのメッセージの理解法の記述やリフレクションを求める質問法である。たとえば，「あなたがXに◇◇と言ったとき，本当はどのように受けとってほしかったのですか？」など。

b）意味と意味の連関

eCCb1は，メッセージの伝達内容が，どのように特有の期待として構成されたのかを問う質問である。たとえば，「相手の○○というメッセージ内容を聞いて，どのように理解すべきだと思われたのですか？」など。

eCCb2は，ある出来事がどのような期待群を要素として構成されているか，あるいは出来事定義がいかに期待の意味合いの文脈として作用するかを問い，その変容を試みる質問である。たとえば，「父親とあなたが勉強のことで言い争うのは，お互いにどのようなことを伝えようとしているからだと思いますか？」など。この質問により，父親との出来事を通して，クライアントが構成している期待が顕在化し，その期待の要素群を差異化するならば，出来事定義が変化し，その逆も成り立つ。また親の側からも同様のことが可能である。親は「子どものことを思って発言しているのに，思いが伝わらない」と期待の受信不全を表現するが，子どもはそれを自分への強制として（期待の理解法），または行動変容を求める（期待の反応の側面）メッセージであると構成しているかもしれない。そこで，この期待の送信と受信の相互生成力学を変容するならば，両者間での出来事の定義は再構成される。逆に出来事の定義の再構成は，その要素である，行為選択，期待および意味構成の構成力学を変容する文脈として作用する。

eCCb3は，出来事定義を文脈とする規則化された期待の関係性定義あるいはその逆を使った質問である。たとえば，「ゲームの仕方についての言い争いを続けていますが，あなたは親との関係がどのような関係になることを期待して，それを続けていますか？」など。

eCCb4は，規則化された期待の関係性定義を文脈とする自他の定義あるいはその逆を使った質問である。たとえば，「あなたが問題を起こすことで，

父親はあなたを親として叱ると思いますが，あなた自身は，親からはどのように理解してほしいですか？」など。

eCCb5 は，自他の定義を文脈とする期待についての家族神話（言説）あるいはその逆を使った質問である。たとえば，「家族はみんな言い争いをせずに生活しようと取り組まれてみて，あなた自身の行動は，家族からどのように受けとられたでしょうか？」など。

eCCb6 は，上記の eCCb1 ～ eCCb5 を組み合わせ，期待を随伴する行為について問う質問である。たとえば，「あなたは家族に対して無理なことを望まないようになり（eCCb5），親子関係が変わってきたとしたら（eCCb3），そのとき，食事場面で，子どもさんがスマホを見ていたら（eCCb2），それは何を意味していると思いますか？（eCCb1）」と問う質問などが挙げられる。

この「(2) 期待と文脈の質問」で示された質問群は，以下で説明するように連続的に使用される。たとえば上述の「①時間的文脈（eTCa）の質問」を選択すると，X が，「私は，Y が私に○○を言うとたいてい□□することを期待していると思ったので，□□と反応した」と説明したとしよう。それに対し支援者が，「□□を期待していると思われたのは，Y のメッセージのどのようなところからですか？」（eCCb1）と質問を続ける。すると，X は，「あの時 Y は，いつもと違った言い方だったので，△△と理解してほしい（期待の理解方法；m[em]）と思ったし，だから□□と応答してほしいのだと思った（期待する行為；m[es]）」と説明したとしよう。このように「②カテゴリーの文脈 b) 意味と意味の連関」で述べた質問を組み合わせることで，意味の重層レベルの差異化が生じる。さらに支援者が，「Y があなたに□□と応答してほしいと思っていると思われて，実際□□の応答をされたとき，どのように Y に理解してほしいと思いましたか？」と質問したとしよう（eCCa2）。すると X は，「Y に◆◆と理解してほしかった（X の期待の伝達法；s[em]）けれど，私 X に，無理難題を要求してきた」と説明したとしよう。支援者は，「あなたは，□□と応答した後，Y にはどのような応答を期待されましたか？（eCCa1）」と尋ねることで，X は，「Y には◇◇と応答してほしかった（X の期待の伝達 s[es]）」と期待の交換過程を記述することができ

る。これは「②カテゴリーの文脈 a）期待の意味構成と期待の伝達行為との連関」で述べた質問群の連続的使用例である。これに対し，YにＸ様の質問を投げかけるならば，ＹはＸの構成とは差異化された形で，期待の連鎖を説明するであろう。構成員相互間で，期待の交換過程を対比させる技法は，期待を差異化させ，トランズアクションを変容させる力となる。

Ⅱ．技法の記号表記法

　上記のように，新しい差異化の軸と変数を加えた循環的質問法は，実際の面接過程で支援者が選択した一つひとつのメッセージに対し，その差異化の意図に基づき分類され，記号化され，そのうえで選択する技法の理路を考察する方法を示す。

　トムの循環的質問法では，類型化されている質問の意図の多様性や，選択した質問法とクライアントの応答との関係については，ほとんど論じられていない。実際の支援過程での支援者のメッセージは，複数の差異化の意図が含まれる。この支援者の複数の意図は，これまであまり着目されてこなかった。支援者が，どのような差異化の意図を伝達しているかにより，クライアントの語りの差異化の方向性は影響を受ける。この力学を視覚化する試みが，本節での記号表記法である。

１．人とものの世界の相互生成としての技法選択

　記号表記法の原則は以下の通りである。差異化を推し進めていく上で，支援者の質問法は，クライアントの現実の差異構成の大枠を囲む機能と，クライアントがその範囲の中で，具体的な差異生成を実現するために，差異化の対象を絞り込み，その微細な差異を生成する作業を促す潜在的機能という複合的な機能がある。前者を主分類，後者を副分類として区分して，１つの質問法に対し，主と副の複合的カテゴリー化を行う。この２つの区分を設定することで，支援者が一つひとつの質問を選択する際の戦術についての議論が可能となる。さらに副分類の質問が，その次の支援者の質問法において主分類として引き継がれるならば，系統だった変容技術の戦略が示され，そのよ

うな技法選択の効果測定も可能となる。このような重層的に定義された質問法は、人およびものの構成の軸を意識しつつ言語行為、期待あるいは意味構成の要素に焦点化して選択されることで、クライアントに対して自由な差異構成を促す活動となる。

2. 記号表記法と技法論

支援者の複数の差異化の意図は、差異化を試みる軸（人あるいはもの）および期待の変数で区分され、表1〜表4の中の略記号欄の記号を用いて、支援者のメッセージの後ろに（ ）として記述する。さらに、複数の差異化の意図を示すために、主分類の記号の後ろに／を入れて、副分類の略記号を併記する。この表記法を用いて、クライアントの記述を変容していく過程で支援者が用いた質問法の差異化の意図と、それに伴い浮上したクライアントの差異化された語りの力動性が考察される。

この手法の構築は、対人支援論を明確な解決行動の産出法を提示する科学的活動へと発展させていく上で、不可欠であると考える。たとえば、親が子どもに、「こんなに痩せて、服もだぶだぶでみっともない」というメッセージを伝達したとしよう。この伝達メッセージは、背後に、「あなたはこのような摂食の仕方を続けるべきではない」という、これまで伝達され続けた、子どもへの潜在的な警告を裏付ける力が作用しているかもしれない。逆にこの潜在的な警告は、そこでのものの世界（食べ物や服そして身体）の意味構成の文脈として作用しているかもしれない。

この人とものの構成軸での相互の拘束的作用力を弱め、新たな差異の生成力を活性化するために、支援者はどのような技法選択が可能であろうか。本書での技法の記号表記法を用いて、支援者の質問法を分類したならば、たとえば、あるクライアントの問題解決過程は、もの軸でのカテゴリーの差異化→そこで浮上したものへの差異化された意味を文脈に、人軸でのメッセージの意味の差異化→浮上した差異に基づく対人的世界での期待の差異化を意図した技法の選択過程を説明できると考える。言い換えれば、まず変容領域を対人的な世界あるいはもの的世界に限定し、一方の軸での微細な差異の生成を推し進め、それを文脈として、他方の軸でさらに差異化の力学を活性化さ

せ，それら相互の生成力学を文脈に，クライアントの世界構成の規則を再構成するという変容戦略を，上記の技法群の略記号を用いて論じることができるのである。

3. 質問の構成軸（人ともの（io, bi））と期待の変数

　行為は基本的に対人間での行為であり，意味付けも対人的な世界についての意味付けである。トムの質問法は，その意味で人軸での質問法である。

　そして，メッセージ伝達行為は期待を伴う。それゆえ本書では，メッセージ伝達行為についての記述を求める場合は期待（e を略記号の頭につける）として類型化する。たとえば，「最もひどい言い方をするのは誰ですか？」は，行為群の序列を明らかにする質問法 OSDa に類型化される。あるいは，「あなたと父親との関係と，あなたの弟と父親との関係を比べると，どちらがよく話していますか？」は 2 組の関係性の差異の質問 CDb になる。これらの質問は，期待（e）が含まれない現実構成法についての質問として，トムのオリジナルな「差異の質問類型」の略記号（e や（io, bi）をつけない）を用いて類型化が試みられる。

　あるシステム構成員 X が，ものに対して「〜と意味付け」，それを文脈に，他方の構成員 Y に向けてメッセージを伝達し，その伝達行為全体（s）の意味を伝達された構成員 Y に尋ねる質問法は，期待の変数（e 記号を付す）として分類される。「あなたの身体に対して，最もひどい言い方をするのは誰ですか？」（OSDa）から得た情報について，「その場面を聞いてもいいですか」と尋ね（TCa），さらに，「その時，相手の言い方に何を感じましたか？」と続けると，この最後の質問は，受信者 Y の期待の意味構成を促す質問（eCCa2）に分類される。

　さらに，身体（bi）あるいは物理的もの（io）についての意味構成やその差異化の作業は，もの軸の記号で類型化される。「病気が分かった当初と比べて今は自分の身体をどう思っていますか？」という質問は，過去と現在の時間の差異を文脈に，身体への意味を問う質問 TDb（bi）である。このように，対人的世界でのトムの質問法を原型とし，もの（io, bi）の 2 軸と期待（e）の変数で類型化された質問法が，変容の効果を実現するために相互に組み合

わされ連続的に使用される。

４．期待の差異化の手順と技法選択論

（１）期待の要素の記述過程

　支援は，訴えの「記述」から開始する。そして，一連の技法が，期待の差異化を意図して連続的に使用される。

　以下では，CL が「A さんから『あなたは臭い』と言われて腹が立った」と訴えたとして，この CL の訴えの記述とそこでの期待の差異化過程で用いた支援者の質問法の記号表記法の具体例を示してみたい。

　以下の過程では，カテゴリーの文脈の質問から開始し，CL の期待の要素の記述を示す。なおここでの事例は仮想的な事例である。

　　CL1：A さんから，また「あなたは臭い」と言われて腹が立ちました
　　SW2：A さんから，今回「あなたは臭い」と言われた時，あなたはどう感
　　　　じたのか，もう少し詳しく教えてもらってもいいですか？
　　　　（eCCa2／eCCa1）

　CL は，A から「あなたは臭い」と言われて腹が立った場面を訴えた（CL1）。SW は，SW2 の質問で，A の「あなたは臭い」というメッセージに対する，CL の期待の構成 m[em] の記述を促している。それゆえ主分類は，eCCa2 で，副分類は，CL の期待の伝達行為 s[es] の記述を意図していたので，eCCa1 である。

　　CL3：A さんが作業室に入ってきたら，いきなり私を見て「あなたは臭い」
　　　　と言ったんです。恥ずかしめられたと思いました
　　SW4：A さんは，あなたを見ていきなり「あなたは臭い」と言われた……
　　　　そのとき，どうしようと思われましたか？（eCCa1／eCCa2）
　　CL5：出て行こうかと思いました

　CL は CL3 で，A のメッセージはいきなりの行為であったこと，そしてそ

れに対し，CL は恥ずかしくなり，動けなくなったと説明した。ここでの CL の記述は，A のメッセージへの期待構成（m[em，es]）と A への期待行為（s[em，es]）が混在しているので，SW は SW4 のメッセージで，CL の期待の伝達行為の記述を求めた。そのため主分類は，eCCa1である。それは，A が選択した行為への CL の期待の構成の記述を意図しているため，副分類は eCCa2 であった。ここでは，SW2 の副分類が，SW4 で主分類になるという，連続的使用法が選択された。

　この質問に対する CL の応答は，「出ていくべき」という期待の構成 m[es] の記述であった（CL5）。そこで，SW は SW6 で，CL に対して，A のメッセージへの「出ていくべき」という期待の構成 m[es] の差異化を図るために，A のメッセージ伝達行為全体（s）を細分化する質問を選択した。それゆえ，主分類は eCCb1 である。副分類は，期待の意味構成の差異化に伴って想定される，新しい CL の期待の行為の記述であったので，eCCa1 とした。

　SW6：それは，A さんのどんなところ（表現）から？（eCCb1／eCCa1）

　CL は CL7 で，A のメッセージ伝達行為（s）のうち，非言語的メッセージ（一瞥行為および低い声）を期待の構成要素として記述した。
　そこで SW は SW8 で，CL が構成した A のメッセージへの期待の構成（m[em，es]）に基づき，CL が選択した行為とそれに伴う期待（s[em，es]）の伝達力についての再考察を試みている。これは恐怖的な他者の行為とその期待の構成法にもかかわらず，CL が選択した問題解決力を有する行為とそこでの A への期待の伝達力を浮上させることを意図した質問である（eCCa1）。このメッセージの副分類は，CL の行為選択が可能になった A の伝達行為への期待の構成の差異的記述が意図されていたので eCCa2 である。

　CL7：私の方を一瞥した後，低い声で言ったからです（A の非言語的メッセージを文脈に，A の行為への CL の期待構成 m[em] が浮上）
　SW8：A さんから出ていくように言われたと感じて，実際あなたはどうしようとされたのですか？（eCCa1／eCCa2）

CL9：恥ずかしかったので部屋から出ていくべきかと思ったけど，動けま
せんでした

CLはCL9を記述することで，Aの行為への期待構成（m[em，es]）にそ
ぐわない反応を選択し，Aに対して期待を伝達したことを述べた（s[em，
es]）。「動けなかった」は不随意的な行動であることの記述であるが，ここ
では出ていくべきであるという，Aのメッセージへの強制力のある期待構成
に対し，対立的な行動をCLは選択したことを記述したと言える。

SW10：というと？（eCCa2／eCCa1）
CL11：繰り返し言ってほしくないと思ったし，ここで出たら，もうここ
に来られなくなる気がしたから

そこでSWはSW10で，CLがAに対し伝達した期待構成s[em]の記述を
促した（eCCa2）。そこでは，その期待構成を文脈としたCLが伝達したA
への行為選択s[es]の記述を促していたので，副分類はeCCa1であった。

そしてCLは，CL11で，「恥ずかしくて動けなかった」のではなく，その
行動で，「繰り返し言ってほしくない」というAへの期待行為s[es]を伝達し，
さらに「ここで出たら，もうここに来られなくなる気がしたから」として，
CL自身が作業室にいたいと思っていることを理解してほしいという期待構
成s[em]を記述した。これら（s[em，es]）は，以後のCLとAの双方の変
化の引き金として作用する期待の構成要素の浮上であった。つまり変容過程
の開始と言える。

ここまでの仮想的過程では，CLにAのメッセージへの恐怖的な期待構成
の記述を促しつつ（eCCa2），CLの実際の行為選択による期待伝達力を差異
化させることで（eCCa1），Aからの圧力にもかかわらず，問題解決力（具
体的な行為とそれに伴う期待を生成する能力）を有している自分をCLは浮
上させた。これは，CLによる恐怖的な出来事の意味のリフレーミング作業
でもある。

第3章　ケアの技法とコミュニティの生成（2）　　83

（2）臭い（io）と結びつく身体（bi）へのもの軸での意味構成の差異化

　恐怖的に構成された他者への期待にもかかわらず，それとは対抗的な行為実践を試みたという新たな現実構成が浮上したので，それを文脈にして，CLの問題の中核である自らの身体への否定的な意味付けを差異化する支援が試みられるとしよう。この変容を強く意識した段階で使用される支援技法は，身体の評価をめぐる，リフレクシブな循環的質問法である。

　SW1：ところで，ひどい臭いがしていたのは，自分の身体のどの部分だと
　　　思う？（OSDa（bi）／TDa（io）

　このSW1の質問は，もの軸で臭いの程度（io）と身体の部位（bi）を序列化し，身体の部位が限定されることで，身体全体に拡散しているとして構成された臭いの最小化を試みる質問である（OSDa（bi））。この臭う空間の最小化の試みに加えて，この質問は，臭いの時系列での変化をも潜在的には問いかけていた。それゆえ副分類は，TDa（io）となる。ここでは，つまり空間と時間軸の両面から，身体の臭いの最小化が試みられた。CLが，臭いがする身体の部位を，頭部に最小化したとしよう。
　次はCLの臭いを頭部に限定した記述を文脈に，時系列での臭いの差異を浮上させる質問（SW1の副分類の質問）が，主分類として選択された。

　SW2：あなたの頭部の臭いは，Aさんに言われたときもずっとしていた？
　　　（TDa（io）／OSDa（io））

　ここでは，もの軸での臭い（io）の差異化が時間的差異から試みられている。それゆえ主分類は，Aからのメッセージを受信する前（過去）とAが言ったとき（過去）の差異を聞くTDa（io）であった。仮にCLが，「その時は，臭くなかった」と差異化したならば，Aから，強く臭いがすると言われた（と構成した）時の臭いの程度の順序づけを促す，OSDa（io）が副次的には意図されていた。つまり，Aが指摘したのとは異なり，「自分の身体の臭いはそれほどひどくなかった」という，臭いの現れを最小化した記述が浮上する

84　　　　　　　　　　　　　　第Ⅰ部　理論編

だろう。

(3) 期待変容による新たなトランズアクション作り（人軸）

　この臭いの最小化を文脈として，AのメッセージへのCLの恐怖的な期待の構成法の差異化が試みられた。つまり，他者のメッセージに含まれる，期待の2側面「そのメッセージをどう理解すべきか [em]」と「それはいかなる反応を求めているのか [es]」の構成を差異化させ，さらにその差異化を文脈として，臭い恐怖を解消するAへの新たなメッセージ伝達行為（その内容および他者への期待）の考案を励ます関与がなされた。

　SW3：仮に「あなたは臭い」と言われたとき，それほどひどく臭っていな
　　　　いと思うことができていたら，あなたは，その場面でAさんのメッセー
　　　　ジをどう思えただろうか？（eCCa2／eCCa1）

　ここでは，CLが記述した，「それほど臭くはなかった」を文脈に，AのメッセージへのCLの差異的期待構成の記述が促されている。すなわち，この質問は，「あなたは常に臭いにまみれていることを理解せよ [em]」，さらに「あなたは身体に染みついた臭いを除去せよ [es]」という，CLのパターン化した他者のメッセージへの期待構成法の差異化が目指されている（eCCa2）。たとえばCLが，「Aはたまたま前の作業でついた物質の刺激臭をかぎ取ったにしか過ぎない」と構成できれば，次のCLの行動選択には防衛的な意味合いは消える。CLがAからのメッセージに対する期待の構成法をここで差異化できたならば，それはCLの新たな行為選択（期待の伝達行為）と結びつくため，この質問には，期待構成の変容後に新たな行為選択（メッセージ内容とその期待）の想起を促す意図も含んでいた。それゆえ，副分類はeCCa1である。むろんここで浮上する期待の要素は，Aの新たな世界構成の可能性を開く差異として作用する要素である。

　CLが，Aの行為へのパターン化した期待の構成を差異化し，「出ていけ」という意味ではないのかもしれないなどの記述が浮上したならば，CLに対して，この期待の構成の差異化を文脈にして，新たな行為選択を想定させる

ことができる。それはたとえば，以下のような質問である。

　SW4：Ａさんのメッセージが，「出ていけ」と言っているのではないとそ
　　のように思えていたら，あなたは他どのような行動を選択しただろうか？
　　（eCCa1／eCCa2）

　この質問は，ＡのメッセージへのＣＬの期待の差異的構成を文脈とした，
新しいＣＬの期待の伝達行為の記述を促すための質問で，eCCa1が主分類と
なる。そしてＣＬが，「何か臭うかな？とあたりを確認して，『あまり臭いが
しないよ』と言う」とメッセージの伝達内容と状況の認識法を伝えることを
具体的に提案したならば，ＣＬがそのメッセージでＡに求める理解法は何か
についての記述を促すため，副分類はeCCa2である。
　このように，臭いの最小化が試みられたことで，Ａのメッセージに対する
恐怖的な意味合いが除去される。そのうえでＣＬは，メッセージ伝達（内容
と期待）の具体化が求められ，その伝達行為がもたらすと想定されるＡの
期待構成の変容可能性についても，ＣＬに対して具体的な記述が求められる。

（4）ＣＬが構成した期待の要素の実践

　ＣＬが新しく構成した期待の要素を文脈に，具体的な期待伝達スキルの実
践計画が立てられる。たとえば，「『あなたは臭い』と言われたときに，『臭
う？』と確認する行為を選択し，さらに『何の臭いかな？』と探索を求める
行為をあなたが実施すると，相手は何と答えるだろうか？」というように。
ＣＬがこの実践に仮に同意するならば，ＣＬが実行する際，不安になる点を話
し合い，対応策が具体化される。たとえばeOSDaの質問により，一番心配
なトランズアクションの要素（[em] および [es]）について問い，それへの
対応（同じく [em] と [es]）の具体化が試みられる。むろんこの不安の生成
力学も複雑であり，それを軽減するためには，本書での一連の技法群の連続
的使用法の実施が不可欠である。
　これらの差異化された要素群が，実際に生活場面で首尾よく実践されたな
らば，それは単に１つのシステム内における期待伝達のスキルの獲得に留ま

らず，CLの周囲で生起する臭いをめぐる出来事全体の意味構成の差異化に
つながる。そしてそれは，CLのコミュニティ全体の変容の文脈となる。

5．技法の連続的使用法の考察

　上記の期待の要素の差異化の段階で，連続的に選択された技法群は，まと
めると以下のようになる。人軸（対人間での言語的，非言語的メッセージの
交換）での問題増幅過程が最初に取り出され，この問題増幅過程を変容する
ために，身体に付随する臭いの最小化が試みられた。つまり介入はもの軸へ
移行した。用いられた技法は，循環的質問法の差異を浮上させる TDa（io），
OSDa（io，bi）類型であった。

　そしてもの軸の差異化を文脈にして，問題増幅的な対人的コミュニケー
ション（人軸）の変容が試みられた。その作業は，循環的質問法の技法群を，
期待の差異化に焦点化しつつ遂行された。その際使用された技法は，行為と
意味構成間の相互生成過程を作り出す，カテゴリーの文脈の質問である
eCCa1，eCCa2 の連続的使用であった。

　また，1つの質問の意図は，主たる変容目的と副次的な変容目的とに区分
し，それは主たる技法と副次的な技法として類型化した。そして，副次的な
技法が次の質問に受け継がれるという差異化の力学を活性化する技法選択法
が説明された。

Ⅲ．小　括

　本章では，クライアントのケア実践，とりわけ期待の要素の差異化の技法
として，トムの循環的質問法を再構成し，略記号を用いて技法選択法を論じ
た。質問の構成軸は，人とものに区分し，期待の変数を加えた質問法の類型
を示した。そして，期待の構成要素の記述段階とリフレクション段階それぞ
れで，差異化の力学を活性化させていく質問法の使用の実践例を，記号表記
法を用いて示した。この記号表記法により，クライアントの問題解決過程に
おける期待の差異化，つまりケア実践の活性化に貢献する支援者の技法選択
（ケア実践）法が示された。それは，差異化の軸であるもの軸と人軸を活用

第3章 ケアの技法とコミュニティの生成（2）　　87

した差異の相互生成過程であった。

　この再構成された循環的質問法の使用法は，本書で定義したコミュニティの変容技法に位置付けられる。なぜなら，クライアントの存在の可能性としてこの世界への直接（ケア）という ミクロレベルの実践は，とりわけてこての期待の構成の差異化から変容し，そのネットワークは，既存のコミュニティの構造と力動性の差異化につながるからである。つまり，ミニマリスト・アプローチの技法論が，ここでは示されたと言える。

　人とものの構成軸，そして期待の変数を組み込んだ，新しい循環的質問法の複合的かつ連続的使用法は，今後さらに洗練させていかなければならない課題があるが，それは次の機会としたい。

　次章では，本章で示した技法論に基づき，問題場面を持続させる期待の構成要素の生成力学とその変容の測定法が論じられる。

[注]

1　新しい使用法は，横軸に時間軸（過去－現在－未来），縦軸に面接の意図（intent）軸（Co-clarifying intent, Co-constructing intent）を置き，同心円状の3層領域（Questions about the situation, Contextual questions, Meta questions）と4象限（Situating questions, Perspectives questions, Possibilities questions, Initiatives questions）の組み合わせで，12の類型で説明される質問法に改編されている（Hornship, Tomm and Johansen 2008）。各質問は，同心円上では，中心円から外円へ，各象限は反時計回りに移動していくように選択される。しかし，クライアントと支援者の共同生成を基本とする場合，共同生成を試みる基礎となるデータが，クライアントと支援者の間で共有されなければならない。しかしながら，この点は明確化されていない。

2　トムの対人的な循環的質問法の具体例は，大下（2008a），大下（2014a, 2014b, 2014c）などを参照のこと。

第4章

コミュニティの生成力学の効果測定論

はじめに

　本章では，ミクロレベルのコミュニティの生成力学の効果測定論について論じてみたい。

　ヒューマンサービス分野における効果測定法の研究は，近年ほとんど進展が見られない。しかしヒューマンサービス分野の研究が，科学的な研究になるためには，社会構成主義的視点からの支援論を採用する場合においても，その効果測定法の構築は避けられない。そこでは，臨床での問題解決と結びつく変容対象を，測定可能な形で定義すること，かつその対象を捉え，差異化する手法，そしてその変化の力動性を評定する方法など，さまざまな基礎的な課題を克服することが求められる。筆者らはこのような課題への挑戦として，社会構成主義的効果測定論を提示し（加茂 2008，大下・加茂 2008），実践例を用いてその有用性を論じてきた（大下 2008b，大下 2010，大下・加茂 2013，Oshita and Kamo 2014，大下 2014b，大下 2014c，Oshita 2016）。この社会構成主義的効果測定法は，変容対象を行為連鎖のシークエンスのレベルに定めている。本章では，その変容対象を，一方の行為と他方の行為の連鎖を引き起こす力となる期待の要素（理解法 [em] と行為選択 [es]）に定めた効果測定法を論じてみたい。

　この期待の測定は，家族システム内のサブシステムのミクロレベルにおける差異の生成力学の測定である。それは，その差異化の力学を他のサブシステムおよび外部システムの変容力学として波及させ，マクロレベルにおけるコミュニティ全体の変容力学となりうる生成力学の測定と言える。この差異化の力学の波及は，コミュニティの構成員間の行為選択（言語，非言語的内

容とそれが含む期待）や意味構成活動の実践として同型的に説明されるので，その測定は可能である。この期待の要素の生成力学の分析は，コミュニケーション過程における構成員相互のケア実践の展開を分析することでもあり，そこに偽解決過程からの脱却の可能性を見出そうとする。このように，ケア概念を理論の基本的土台として，期待の変容力学の測定を試みる本章の効果測定論は，新たな測定パラダイムを示していると言っても過言ではないであろう。

　また，本章の効果測定は，第2章と第3章で論じたケア（期待の差異化）の技法と連動して実施される，ミニマリスト・アプローチの効果測定法でもある。

I. 社会構成主義的な効果測定論

1. 期待の構造と生成力学

　これまでの社会構成主義的効果測定論では，トランズアクション過程における測定の基本的な要素は，意味構成と行為選択として述べてきた。本章では，問題場面として記述された行為群へのリフレクションを促す質問を媒介にして浮上する，期待の構成要素（m[em, es]およびs[em, es]）を基本的な要素とする効果測定法を論じてみたい。トランズアクション過程で出現し，対象化された，言語および非言語情報に対し，人はある意味構成を加える。この過程を実験室で観察し，論理的な操作を加え，その操作手順を記述し，その出力のメカニズムを考察することができるであろう。ところが密室空間での孤独な情報処理作業とは異なり，対人的なコミュニケーションにおいては，その情報処理をもう1人の情報処理者に出力するという行為過程が入り込む。そこではもう1人の他者にとっては入力操作，つまり意味構成が開始する。対人的なコミュニケーションの場においては，構成員は出力つまり行為選択と入力つまり意味構成を試み続ける。この過程での行為選択の類型と意味構成の類型をベールズの相互作用過程のカテゴリー（Bales 1950）で分類し，測定する方法はこれまで幾度か論じてきた。

ところが出力された言語とそれに伴う非言語メッセージが，受信者に構成を命じる力を有するのはなぜであろうか。ここで，命じる力の考察が求められる。この命じる力とは，相手に行為選択を求める，社会学の用語を用いるならば，期待が有する力である。ただしここでの期待は，日常に遍浸した他者を統制する期待ではなく，他者の世界構成の可能性へ向かうそのつどの言語行為において生成される本来的なケアの概念に依拠した期待であり，社会で共有されるべきという規範レベルの期待とも異なる点は強調しておきたい。人は，他者に「△△の対応をしてほしい」と言語的メッセージで明確に指示する行為を選択できる。そして受け手は，送り手のそのメッセージをどのように理解して行動すべきかを考えるという，期待の用法を幼児期から訓練されてもいる。非言語的メッセージに関しては，明確な指示的内容は示されていないが，その情報に対し，人は特有の期待を構成し，メッセージの返答の練習を幼少期から繰り返し体験する。そこでは暗々裏に，伝達される情報の意味，つまり期待の構成方法を学習するのである。これらは規範化されるがゆえ，このような期待の学習を有していない言葉の用法は，内閉的なものとなる。

本書での期待は，以下のように要素化され，記号で区分される。c は content（言語内容），expectation（期待）の略，m は meaning construction（意味構成）の略，s は speech act（言語行為全体）の略を意味する。

① メッセージ送信者 X

X は自らのメッセージ伝達時に，言語内容（c）と受信者 Y に向けた期待（s[em, es]）を込める。たとえば，「おはよう」という言語メッセージは言語内容（c）であるが，そのメッセージは Y が朝の挨拶行為という社会化された意味として構成することを期待する力を有する s[em]。さらに，この内容に対し，「気持ちのいい返事をしてほしい」など，X が Y に求める行為選択の期待 s[es] が加わり，行為全体 s が受信者 Y に伝達される。

② メッセージ受信者 Y

X の期待を伴う伝達行為 s は，受信者 Y によって独自に再構成される（m[em, es]）。受信者 Y にとっては，送信者 X が行為 s に随伴させた期待（挨拶としての行為と受け取って s[em] 応答してほしい s[es]）を完全に理解す

ることは不可能である。受信者Yによって構成されるXの行為への期待は，Xの期待とは異なるY独自の期待の構成（m[em, es]）として具現化する。仮に「おはよう」というXのメッセージの言語内容（c）は，単なる社会化された規則に基づき，挨拶として受信者Yによって意味づけられたと仮定しよう m[em]。この場合は，構成の局面において，XとYにおけるずれはないであろう。しかしYはこの意味構成を文脈にして，特別な気持ちがこもった反応は，Xから期待されていない m[es] と，行為への期待を構成したとしよう。これは，XがYに期待する行為（気持ちのいい返事をしてほしい）とは，ずれが生じる。

　このように，行為に随伴する期待は，伝達する側によっても伝達される側によっても，多様に構成されうると言える。メッセージの多様な期待の送受信過程は，実際のメッセージの水平的な還流と，各主体の意味構成の垂直的な力学とが重層的に展開する過程で生起する（第1章参照）。むろんそこでのものは重要な役割を担う。ものを含んだメッセージ伝達行為全体 s は，単に事態を社会的意味として記述する内容（c）の伝達ではなく，行為遂行の期待の差異的な生成過程をも含む。

2．変容段階と期待の要素

　対人間において双方のメッセージの接続機能を有する，期待の差異生成過程の測定が，本章での効果測定論である。この期待の測定法を確立することによって，これまでの社会構成主義的効果測定法で用いた，トランズアクションの生成力学を測定する精度が向上すると考える。以下では，本書での変容段階を踏まえた，測定のためのデータ収集法について述べる。

　まず，クライアントの訴えに対し，形式的な変換が加えられる。訴えは，多様な意味と行為群と期待が混在した形で結びつけられ，伝達される言語行為である。それゆえ，まずクライアントは，問題場面がどのような行為群の連鎖として展開したのかの記述を求められる。これは，訴えに対する最初の形式的な変換である。この組み替えられた行為群の連鎖は，未だ相互の結合力学の説明が不十分な状態である。そこで次の段階として，単純な行為連鎖の1つの要素を抽出してリフレクションが促される。これは第2の形式的な

第4章 コミュニティの生成力学の効果測定論　　　93

変換である。支援者は，このリフレクションの作業において，一方の行為と
他方の行為を結びつける力となる期待の要素（[em, es]）の浮上を試み，
その差異化を図る。

　測定対象となる期待の要素について定義しておこう。問題場面についての
初期段階の「○○してほしかった」などの記述内容は，ここでは期待の要素
とはしない。初期段階の記述に対し，具体的な行為群を確定したのち，その
1つの行為についての質問が加えられることで，浮上してきた差異化された
要素を期待の要素とする。それは，特有の質問法なしには浮上しない要素で
ある。つまり期待の要素の確定過程では，一度記述された行為群へのリフレ
クション過程を伴うため，その記述は，すでに差異の生成力学が活性化する
過程になっていると捉えることができる。

　なお，問題場面の記述により収集された期待の構成要素は，トランズアク
ション過程の他者の世界構成の可能性に関心が向けられていない，差異化力
が衰退した，非本来的ケア実践である。その期待の構成要素が，他者の世界
構成の可能性へ関心が向けられた，差異化力を有する，期待の構成要素とし
て再構成されるならば，それは本来的なケア実践となる。

II．期待の要素の類型化と測定法

1．相互作用のカテゴリーを用いた期待の類型化

　期待は，上記の第I節で示した受信者の期待の構成要素（m[em, es]）と
送信者の期待の構成要素（s[em, es]）の4つの要素で構成される。このよ
うに期待を要素化することで，以下に示すベールズらによって開発された相
互作用過程のカテゴリーを用いて類型化することが可能になる。ベールズ
は，問題解決過程で選択される行為群を大きく4つのカテゴリーで説明して
いる。AとDは社会・情緒的領域で，BとCは課題領域とされる。それぞ
れが3つの下位カテゴリーを有している。表1の右欄の略記号を用いて，期
待の要素は類型化される。

　そしてこれらの類型を基に，期待の要素群の差異の生成力学は，独自の3

表1 ベールズの相互作用過程のカテゴリーと略記号対応表（Bales 1950）

A. 社会的・情緒的領域：肯定的反応	略記号
1. 連帯性を示す，他者の地位を高める，冗談を言う，援助や報酬を与える	A1
2. 緊張緩和を示す，満足を示す，笑う	A2
3. 同意する，受動的受容を示す，理解する，一致する，従う	A3
B. 課題領域：中立的　応答	**略記号**
4. 他者に対する自律性を示すような示唆，指示を与える	B4
5. 意見，評価，分析を提出する。感情や願望を表現する	B5
6. 方向づけや情報を与える，繰り返す，解明する，確認する	B6
C. 課題領域：中立的　質問	**略記号**
7. 方向づけ，情報，繰り返し，確認を求める	C7
8. 意見，評価，分析，感情表現を求める	C8
9. 示唆，指示，可能な行為の方法を求める	C9
D. 社会的・情緒的領域：否定的反応	**略記号**
10. 反対する，受動的な拒否や堅苦しさを示す，援助を控える	D10
11. 緊張増大を示す，援助を求める，「場外」に引き下がる	D11
12. 敵対を示す，他者の地位を落とす，自己を防衛し，主張する	D12

次元グラフに変換されることで視覚化される。

　問題解決力学としての期待の生成力学は，D領域として区分される期待伝達およびその意味構成が減少し，かつA，B，C，D領域の要素群が，有機的に結びつき，差異が増大する力学である。それに対し，問題場面は他者へのケア実践が衰退する過程であり，非本来性の自己優位の期待の生成力学が示される。それは，A，B，C，D領域で区分された期待の構成要素が，D領域の要素群が優位となる力学の生成過程として示される。

　実際の面接過程では，すべての期待の構成要素が顕在化するわけではない。それゆえ期待の構成要素の記述は，送受信者各々の期待の4つの要素のうちのいくつかの要素の連鎖過程として示される。それらのうちの1つの要素の差異が垂直的，水平的フィードバック・ループにおいて，差異の生成力学の活性化と結びつけられることで，コミュニティ全体の変容力学の生成と

第4章　コミュニティの生成力学の効果測定論　　　95

なる。本章では，そのようなコミュニティ全体の変容を作り出す，ミクロレベルでの変容力学の測定法が示される。

２．カテゴリー化の手順

①　期待の要素の抽出手順

　第１段階の変換で記述された行為選択群をリフレクションすることで記述される第２段階の要素が，期待の要素である。期待の要素は，前後の行為選択との関係性も考慮し，カテゴリー化しなければならない。例を示してみよう。

　クライアントである親 X が，「子ども Y に宿題をちゃんとするように言ったのに，Y は宿題を全くしようとしなかった」と訴えたとしよう。

　その場面は，

　X1s：（ゲームをしている Y に）宿題はちゃんとしないとだめよ
　Y2s：……（ゲームに夢中）
　X3s：（母親はかっとなり，大声で）いい加減に（宿題を）しなさい!!

　という行為の連鎖として記述されたとしよう。

　このトラッキングの要素のリフレクションを両者に求める過程で，4つの期待の要素が浮上する。
　まず X の行為選択（X1s）で伝達される期待は，たとえば，「『宿題はちゃんとしないとだめよ』と言われたとき，どのようなことを考えておられましたか？」と質問することで，

　①　私 X のメッセージを，宿題をせよという命令と捉え s[em]，（私 X が
　　　怒る前に）すぐに宿題を始めてほしい s[es]

とXが記述したとしよう。続いてYに対し，たとえば，「『宿題はちゃん
としないとだめよ』と言われたとき，どんな風に受け取った？」と尋ねるこ
とで，

② Xのメッセージは，命令と受け取らなくてよい（ゲームをすることも
一部了解している）m[em]，だから宿題をすぐにすることを求められて
いない m[es]

とYが，XのX1sのメッセージ伝達行為への期待の構成を記述したとし
よう。Yは，この期待の構成の後，ゲームを続ける（Y2s）。
このYのゲームを続けるという行為（Y2s）は，今度はYが，Xに対し，
特有の期待を伝達する行為となる。ここで伝達される期待は，たとえば，
「ゲームを続けているとき，Xにどんなことを理解してほしかった？」とY
に尋ねることで，

③ Xのメッセージを正しく理解したと捉えてほしい s[em]，自分Yの行
動（ゲームをすること）を受け入れた応答をしてほしい s[es]

と記述されるかもしれない。これに対しXへ，「Yがゲームを続ける行動
を見て，どのようなことを考えられましたか？」と尋ねると，

④ Yは私Xのメッセージに対し，反抗していると理解すべきで m[em]，
私Xが宿題をするよう強く言うのを待っている m[es]

と記述したとしよう。このYの行為へのXの期待の構成は，XのX1sと
同様の宿題を指示する行為を増強させる文脈になったため，X3sの伝達時に
は，立腹し大声を伴う行為の選択となった（X3s）。このX3sで伝達される，
宿題をせよ s[es] という期待は，X1s時点よりも強化され，仮にYがゲーム
をし続ける場合（Y4s），Yの行為は，Xの期待構成をさらに硬化させる。

この単純な期待の連鎖（Xのs[em, es] → Yのm[em, es] → Yのs[em, es] → Xのm[em, es]）を，この順でベールズの相互作用のカテゴリーに基づきカテゴリー化すると，以下のようになる。

① Xlsは，「宿題をすることを指示するメッセージだと理解しなさい（B4）。そして自分から宿題を始めなさい（B4）」という分類になる

② それに対するYの期待の構成は，「宿題をするよう促しているが，強制してはいない（ゲームを続けてもいいと一部了解してくれている）メッセージだ（B6），Xに同意した行動を求められている（A3）」となる

③ さらにYが行為選択（Y2s）に随伴させた期待は，「Xのメッセージを正しく理解したと受け取ってほしい（A3），そして自分Yの行為の持続を支持してほしい（A3）」であった

④ しかしXは，このY2sの行為を，「自分Xの指示への反発として意味付け（D12），自分Xが強く叱責することをYが期待している（D12）」と構成した

人が世界や関係性そして出来事の意味を，トランズアクションから離脱して内閉的に構成することは不可能である。構成され送信されるメッセージは，たとえそれが対人関係を遮断することを試みるメッセージであったとしても，それは「関与してくれるな」という他者への期待を伴うコミュニカティヴな意味合いを有する。システム内の構成員間でのメッセージ伝達と期待構成は，コミュニケーション過程において相互的に変容する。ここでの親子間のトランズアクションの悪化は，自分に何をしてほしいかというYの期待構成と，それに対するXの構成法間で，対立増幅的な事態を産み出す，ポジティヴ・フィードバック・ループが強まる力学として説明することができる。

3．効果測定法

(1) 量的測定

　上記の親子 X‐Y のやり取りにおける，行為全体と期待の要素（[em] と [es]）の量的測定について述べてみたい。X1s から X3s までの期待の要素は，各々上記のようにカテゴリー化されたとしよう。このシークエンスにおける期待の要素の A ～ D の 4 領域の数量分布は，以下のようになった。

　A 領域 3，B 領域 4，C 領域 0，D 領域 1

　上記のシークエンスでは，取り上げたメッセージの数は 3 つであるが，連続する行為群の生成力学を説明する期待の要素群は，さらに多くの要素群で構成される。また量的測定を行う場合，たとえば，A 領域の反応が多いほど好ましく，D 領域の反応が多いほど好ましくないなど，一般化して理解する基準は採用しない。ここで示されるのは，ある場面のシークエンスの期待の要素群の量的分布である。

(2) 力動性の測定

　さらにカテゴリー化された期待の要素群は，独自の 3 次元グラフを用いてその力動性が示される。この 3 次元グラフは，X 軸（先発）と Y 軸（後発）にそれぞれベールズの 12 のカテゴリーを置き，各カテゴリーの出現頻度を Z 軸に取る 3 次元グラフである。上記の親子 X‐Y のトランズアクション過程を例にとれば，座標 1 は，X1s のメッセージに随伴する期待群（s[em]，s[es]）で，座標 2 は，X1s に随伴する Y の行為選択への期待（s[es]）と，Y が X1s のメッセージに対する期待の意味構成で，（s[es]，m[em]）として決定される。

　このように期待の 2 つの要素の組み合わせで決定される座標と座標の動きは，一方の行為から他方の次の行為選択を結びつける，トランズアクション過程の生成力学を視覚化することを可能にする。このような 3 次元グラフで，ある対立場面で生じる特有の行為連鎖を作り出す，期待の生成力学が視覚化

第4章　コミュニティの生成力学の効果測定論　　　99

されるならば，これら期待の要素の1つが差異化され，他の新しい期待の要素と結びつく力学を同様の手法で示すことができる。これが，コミュニティのミクロレベルでの変容の生成力学の測定法である。

　上記の対立場面のX－Yの期待の要素の生成力学は，D領域で区分される要素が増大する，つまり相互のケア実践が衰退する力学である。たとえば，この期待の要素の生成力学について，XとYのどちらかが，そのうちの1つの期待の要素を再構成するならば，そこから新たな期待の生成力学が生じうる。それは，次の他方の行為選択の差異化の力となる。それが3次元グラフの力動性の差異として示される。

　このように力動性の測定で明らかにされることは，クライアントにとって問題の世界が構成されるコミュニティのミクロレベルの生成力学と，問題解決場面での相互の期待の要素の差異化された生成力学が示されることである。これは，D領域の期待の要素がミニマムで，かつA，B，C，D領域間でそれらが有機的に結びつく本来性のケア実践が発生した事態を示す。

(3) 効果の測定法

　問題場面におけるメッセージ伝達行為群に随伴する期待を軸に，持続する問題増幅力学と問題解決場面での新しいメッセージ伝達行為群に随伴する期待の生成力学の違いを視覚化して示すことが，本章での効果測定である。まず問題場面として記述したメッセージ伝達行為群に随伴する期待の要素群が確定される。その後，介入対象となる期待の構成要素をピンポイントして差異化し，新しいメッセージ伝達行為群を実践し，実践された行為とそこでの期待の要素を確定する。前者を介入前，後者を介入後として，両者のシークエンスにおける期待の要素の生成力学の変容が視覚的に考察される。

①　量的効果測定

　介入前と介入後で，シークエンスの行為選択群の期待の要素 [em, es] の量的変化が測定される。トラッキング技法により，問題場面（上記のX－Yの例で言えば，宿題で言い争いになる場面）での行為連鎖の生成に内包される期待の要素を確定し，その要素の差異化を試みる。そこで生じた新しい期待の要素群と実際の行為選択群は，それぞれカテゴリー化される。カテゴ

リーごとに，その分布数が，量的変化として測定できる（量的効果測定の例示は，以下の第Ⅲ節で示す）。

　② 力動性の効果測定

　問題場面で選択された行為群の生成力学の変容を作り出す力として，期待の生成力学の変化が測定される。ここで測定されるのは，選択された行為と行為の連続を引き出す，期待の要素の差異の生成力学の衰退メカニズムとその活性化メカニズムである。期待の要素の差異の生成力学が衰退し始める要素をピンポイントし，そこへの介入を試みた結果，差異の生成力学が活性化した力学を期待の要素の力動性の変化として説明する。差異の生成力学の活性化は，1つの理想的な力学が設定されているわけではない。それゆえ介入前後の効果測定により生じた期待の要素の力動性の差異は，介入前の力動性に対し，唯一の正しい力動性の浮上として位置付けられるものではない。ここでの効果測定は，クライアントの訴えた問題場面での生成力学に対し，選択した要素への介入により，生じた1つの差異化の力学が示されるのみである。どれを介入の要素とするか，および介入の要素に対しどの技法を使用するかにより，その結果どのような力学が生じるかは，あらかじめ予測できることではない。あくまでも，インテンシブな介入と連動して生じた差異の生成力学が示されるのみである（具体的な力動性の測定図は，以下の第Ⅲ節で示す）。

Ⅲ．効果測定の適用例

1．言語行為群とそのカテゴリー化

　ここでは，仮想事例を用いて，効果測定法の実際を示してみたい。クライアントは妻（母）で，家族は夫（父）と子どもとする。測定のために取り上げる第1段階のデータは，1つの問題場面における特定のメッセージ伝達行為群で，第2段階がそれらの期待の構成要素である。

　想定家族においては，子育てについて夫婦の意見が対立している。クライアント（母親・妻）は，子育てで困っていると訴え，父親（夫）と意見が食

第4章　コミュニティの生成力学の効果測定論　　　　101

い違う場面として，子どもがおもちゃを片づける場面でのやり取りを，以下
のように説明したとする。

　私（母で，クライアント）が，子どもに夕飯の時間も近いので，「おも
ちゃを片づけてね」といった。子どもは，遊んだおもちゃを片づけ始めた。
すると夫が，子どもの片づけが終わらないうちに，「○○ちゃん，こっち
へおいで」と言って片づけるのをやめさせ，遊ばせようとした。子どもは
夫の呼びかけで，片づけるのをやめてしまった。私は，夫に対し腹が立っ
た。

　上記の記述は，通常トラッキング技法を用いて行為の発生順序を確認しな
がら記述される（第2章第Ⅰ節2(2)を参照）。この行為群の記述は，ものに
ついての認識とその対処行動の連鎖場面の記述でもある点に注目したい。こ
の場面での行為群に対し，その一つひとつを取り上げ，リフレクションの技
法を用いることで，ものをめぐる父母子の期待の構成法，およびそこでの三
者間の期待の伝達行動の対象化が生じ，三者間での特有の期待の構成力学が
顕在化される。
　上記の中では，おもちゃ（もの）のあるべき位置と三者間の単純な行為選
択の時系列が表示されている。これは家族システム内のトランズアクション
の顕現型である。
　トラッキング技法を用いて，構成員にそれぞれ記述を促すと，記述内容は，
構成員間でしばしば食い違う。そのため支援者は，顕在化しているものへの
行為に着目する。それは，もの（おもちゃ）と三者の言語行為である。クラ
イアント（母）から子どもへ「おもちゃを片づけてね」と言ったメッセージ，
さらに子どもがおもちゃを片づける行為群，そして夫から子どもに向けて発
せられた「こっちへおいで」というおもちゃへの関与を止めるメッセージ，
そして，子どもがおもちゃの片づけをやめる行為という，もの（おもちゃ）
に関わる4つの言語行為が，基本的な要素と言える。まずはこの顕現的な言
語行為群（s）の時系列をベールズらのカテゴリーに従い，記号化して整理
してみよう。この行為連鎖は表2のように示すことができる。

第Ⅰ部　理論編

表2　介入前の父母子三者間の言語行為群（s）とカテゴリー

主　体	シークエンスの要素	カテゴリー	
母1	おもちゃを片づけてね	B4s	}(1)
子2	（片づける）	A3s	}(2)
父3	こっちへおいで	D11s	}(3)
子4	（片づけを止める）	D12s	

　　母親は子どもに，自分が使ったおもちゃを片づけるよう指示的なメッセージを出している（B4）。子どもは母親のメッセージに従い，片づけ始める（A3）。この母子間のやり取りに対し，父親は子どもの行動を止めるメッセージを伝達し，父（母）子間の緊張が増大する（D11）。子どもは，母親のメッセージと父親のメッセージが相反するため，片づける行為を中断してしまう（D12）。

　　このように類型化された要素群を，3次元グラフで示してみよう（図1参照）。表2の左側に示す（　）内の数字は，図1の座標を意味している。これが問題場面で顕現化している三者間の行為群の生成力学である。

2．期待の要素群とそのカテゴリー化

　　しかしながら，この言語行為の連鎖過程は，言語で記述され顕在化した生成力学である。その背後に，三者間の言語行為の連続的展開力として作用する，複雑な期待の生成力学が潜む。この短いエピソードにおいては，未だ他者に対して伝達する際の期待（s[em, es]），および受信者による伝達メッセージへの期待の構成（m[em, es]）については顕在化していない。

　　母1の「おもちゃを片づけてね」のメッセージが，子どもの「片づける」行為へと結びつく力学は，どのような期待の生成力学として視覚化できるのか。支援場面においては，システムの構成員に対して，それぞれの言語行為へのリフレクションを求める質問がなされる。この質問により期待の要素が顕在化する。たとえば，ソーシャルワーカーが家族構成員全員を呼び，支援活動を開始したとしよう。この父母子三者間での言語行為を持続させる力を有する期待は，以下のような手続きで浮上させていく。

第4章 コミュニティの生成力学の効果測定論

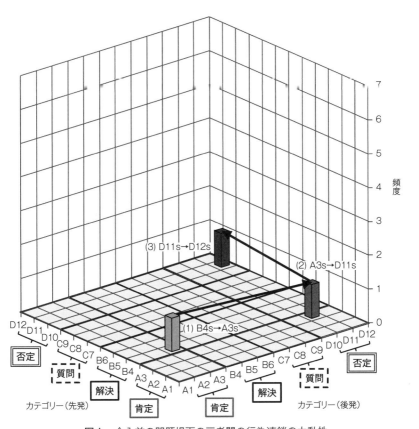

図1 介入前の問題場面の三者間の行為連鎖の力動性

SW1：（妻：母親に対して）先ほど教えていただいた，「おもちゃを片づけてね」とおっしゃったとき，どのようなことを考えておられましたか？（eCCa2／eCCa1）

母親2：子どもが自分で遊んだものを片づけるのは当たり前だと思うのですが，「おもちゃを片づけてね」と声をかけたならば，子どもには素直に言うことを聞いてほしい（s[em]）。そして片づけを自分で済ませられるようになってほしい（s[es]）。ただ片づけるというよりも，片づけ方も勉強してほしいと思っています。むやみやたらに片づけるのではなく，順序良く片づける練習は必要だと思うのです。だから私は，そばで

子どもが片づけていく様子を見ながら，上手にできたら褒めようと思っていました

SW1 では，母親が「おもちゃを片づけてね」のメッセージで子どもに伝達した期待（どのように理解してほしいか）の構成の記述を促しているため，主分類は，eCCa2 である。そして，そのとき子どもに対し，どのような行為選択を期待したのかの記述を促すことも意図されていたので，副分類はeCCa1 であった。

母親は，この支援者の質問に促され「おもちゃを片づけてね」のメッセージを伝達したときの期待の構成を記述した。それは以下のように，ベールズのカテゴリーを用いて整理することができる。母親の「素直に言うことを聞いてほしい」s[em] と「片づけ方を勉強してほしい」s[es] という記述は，子どもに対し，強く解決の行為を求めているため，B4 にそれぞれカテゴリー化できる。

1 母 s[em]：このメッセージを指示として受け取ってほしい（B4）。
1 母 s[es]：おもちゃ（io）を片づけて，ものの片づけ方を勉強してほしい（B4）。

ここでのおもちゃ（io）は，子どもの関与する方法次第で，子どもと母親の間の問題解決過程を作り出す用材になりうる。つまりおもちゃ（io）が，子どもの関与によって適切な位置に戻されることで，子どもは母親からの肯定的な応答を引き出せるであろう。

次に，子どもに対して，母親のメッセージをどう思ったのか，再記述を求めたとしよう。

SW3：お母さんから「おもちゃを片づけてね」と言われた時，何をしたらいいと考えた？（eCCa1／eCCa2）
子4：やさしく，「おもちゃを片づけてね」と言ってくれたから（m[em]），

第 4 章　コミュニティの生成力学の効果測定論　　*105*

表 3　介入前の期待の要素とカテゴリー（母子）

期待の要素	内　容	カテゴリー	
1 母 s[em]	指示として受け取ってほしい	B4	}(1)
2 母 s[es]	おもちゃを片づけてほしい	B4	}(2)
3 子 m[em]	遊ぶのを止めて片づけることを指示している	B4	}(3)
4 子 m[es]	指示に従っておもちゃを片づける行動を取ることを求められている	A3	}(4)¹

1　(4) の Y 座標は表 4 の 5 父 m[em] の A3 である。

　　　一生懸命片づけを頑張ろうと思った（m[es]）

　SW3 の質問は，子どもが母親の「おもちゃを片付けてね」というメッセージへの期待構成（どのような行動を選択することを期待されているか m[es]）の記述を促しているので，主分類は eCCa1 である。そして，子どもが母親のメッセージをどう理解したか（m[em]）の記述を求めることも意図されていたので，副分類は eCCa2 である。

　ここで記述された子どもの期待構成は，以下のように分類できるであろう。

　2 子 m[em]：母親のメッセージは，自分への指示である（B4）。
　2 子 m[es]：メッセージに従った行為選択（おもちゃを片づける）を期待されている（A3）。

　このように，母親の「おもちゃを片づけてね」の言語内容は，やさしい言い方（非言語）を文脈に，子どもにとっては主体的におもちゃを片づけることを指示されたメッセージとして構成され，その意味構成を文脈として，行動を選択できたことを説明している。このようにおもちゃ（io）への双方の関与法は，各々の期待の構成法を活性化している。

　この一連の母子間の期待の要素の連鎖過程が，図 1 の座標（1）の母親のメッセージ伝達行為（X 座標：B4s）と，子どもが片づける行為を選択する

（Y座標：A3s）という両者の行為の連鎖を引き出す期待の生成メカニズムである。ここでは，A，B領域間の有機的な結びつきが示されている。

次に，父親に同様の説明を求める。

SW5：（夫：父親に対し）子どもさんが片づけているところで「こっちへおいで」とおっしゃったのは，どのようなことを考えられて……？（eCCa2／eCCa1）

父親6：ええ。もっと遊ばせればいいのに，無理に母親が片づけさせようとしたから，もっと遊ばせるべきだと思ったんです

SW5では，父親が送信した「こっちへおいで」のメッセージに随伴する期待の要素s[em]を問う質問であるので，主分類はeCCa2である。さらにそれは，「（子どもが）こっち（父親の方）へ来る」という父親のメッセージに従った，子どもの行為選択の期待s[es]の記述をも意図していたので，副分類はeCCa1である。

この父親の「こっちへおいで」というメッセージは，三者関係の中では，母親と子ども各々のメッセージへの期待構成と結びついている。この父親が母子のメッセージに対し構成した期待を，子どもと母親とそれぞれ分けて整理してみたい。

父親に母親のメッセージと子どもの行動をどう理解したかを再び問いかけるならば，父親は，子どもが片づけ始めた行動に対し，もっと遊びたい気持ちがあると説明し，一方の母親のメッセージに対しては，母親の方が子どもを理解していると認識せよ（母親が優位であることを理解せよ）と理解したと記述するかもしれない。

4父m[em1]：（子どもの行動に対しては）もっと遊びたいと思っていることをわかってほしい（A3）。

4父m[em2]：（母親の行動に対しては）子どもを理解しているのは自分（母親）の方だと理解せよ（D10）。

第4章　コミュニティの生成力学の効果測定論　　　107

　そして父親は，上記の期待の構成を文脈に，期待の行動については以下の
ように説明したとしよう。子どもの行動に対しては，遊びに誘う行動が期待
されていると構成し，一方母親の行動に対しては，自分（父）も母親の指示
に従うことを求められていると。ここでは，子どもの行為への期待の構成が
文脈となり，母親の行為への期待の構成は，問題解決的な意味合いが薄れ，
否定的で情緒的な意味合いが強化された構成となる。

　5 父 m[es1]：（子どもに対して）もっと遊べるようにしてほしい（A3）。
　5 父 m[es2]：（母親に対して）私（母親）の指示に従った行動をすべき
　　　（D12）。

　さらに，これらを文脈に選択された父親の「こっちへおいで」のメッセー
ジで，父親が伝達した期待は，以下のように説明されたとする。ここでも，
子どもと母親の両方に対して，父親は特有の期待の理解法を伝達する。

　6 父 s[em1]：（子どもに対して）遊びの許可の合図と理解してほしい（A3）。
　6 父 s[em2]：（母親に対して）子どもへの対処法を理解しているのは，私
　　　（父親の方）だと理解すべき（D12）。

　このように父親の「こっちへおいで」という伝達行為に伴う期待の理解法
は，子どもと母親では異なる。さらに子どもと母親に対し，父親が伝達した
期待する行為選択は，以下のように説明されるかもしれない。

　7 父 s[es1]：（子どもに対して）私（父親）のメッセージに従って，片づ
　　　けるのを止めて，私（父親）のところへ来て楽しんでほしい（A3）。
　7 父 s[es2]：（母親に対して）母親は私（父親）のメッセージに従って，
　　　片づけさせるメッセージを撤回すべき（D12）。

　この父親の期待の行為の伝達は，子どもからは以下のように構成されるで
あろう。この状況で子どもは，行為選択力を衰退させる。

8子 m[em1]：父親の非言語的および言語的情報を，母親より上位のメッセージとして受け入れることを要求するメッセージ（D11）。

8子 m[es1]：父母の矛盾するメッセージに，同時に応えることを両者から期待されている（D12）。

この父子間の期待の送受信過程は，以下の表4のようにまとめられる。

表4　介入前の期待の要素とカテゴリー（父子）

期待の要素	内　容	カテゴリー	
5父 m[em][1]	もっと遊びたいと思っていることをわかってほしい	A3	}(4)[2]
6父 m[es]	遊びを続ける指示を求めている	B4	}(5)
7父 s[em][3]	私（父）の指示の方を好意的に理解してほしい	A3	}(6)
8父 s[es]	指示に従い，片づけるのを止めて遊んでほしい	A3	}(7)
9子 m[em][4]	父親のメッセージの方を受け入れることを要求されている	D11	}(8)
10子 m[es]	父母の矛盾するメッセージに対し，どちらにも従った応答が期待されている	D12	}(9)

1　ここでは子どもの行為に対する期待の構成のみを示す。
2　(4) のX座標は表3の4子 m[es] のA3である。
3　ここでの期待は，母親への期待への伝達も含まれるが子どもへの伝達に限定して記載している。
4　ここでの期待は，母親への期待への伝達も含まれるが父親への伝達に限定して記載している。

　表2の母1のメッセージ伝達行為（s）で伝達された子どもへの期待行動（表3の2母 s[es]）と，表2の父親の父3のメッセージ伝達行為（s）で伝達された，子どもへの期待行動（表4の8父 s[es]）は，受け手の子どもからすると矛盾する期待行動が伝達された状況で，かつそれに同時に応答することを期待されるという対処不可能な事態に置かれることになる。この状況下では，子どもが，母親と父親のメッセージへの理解法と，そしてそこでの期待行動を矛盾なく構成し，そこで望まれる行為選択法を決定し，相手への期待を伝達することは困難を伴うであろう。

　この事態に直面した母親が，父親の伝達する期待（表4の7父 s[em] と8父 s[es]）に対して，対立的なメッセージ（表3の1母 s[em] と2母 s[es]）

第4章　コミュニティの生成力学の効果測定論　　　　　　　　　　　109

を再度子どもに提示する対応をとることは十分考えられる。その場合の問題
は，母親のメッセージ伝達に随伴した期待（s[em, es]）の混乱のみならず，
父親の期待（m[em, es] と s[em, es]）の混乱にまで波及することである。
結果，三者間で行為連鎖の要件である期待の相互生成力学が停止する事態と
なる。つまり，ここでの期待の要素の相互生成力学は，他者の世界構成の可
能性に関心が向けられていない相互に差異化力を衰退させる力学となる。本
書でのケア概念を用いて述べるならば，この三者間では，本来性のケア実践
の相互生成力学が衰退していたと言える。

3．期待の構成要素の力動性の測定

　上記の三者間で顕在化したメッセージへの期待の構成法（m[em, es]）と
期待の伝達法（s[em, es]）の生成力学を，3次元グラフを用いて視覚化し
てみたい（座標のデータは表3と表4を参照）。

　図2の座標(1)→座標(2)→座標(3)（母子間）の力学では，問題解決を意図
した期待の送受信（B領域とA領域の循環）が生じている。具体的な解決
行動を指示する母親のメッセージ（B4s）に対し，子どももその行為を指示
として構成（B4）し，その指示に応じる行動を選択する（A3）という力学
が見られる。他方，座標(4)→座標(5)→座標(6)の（父子間）の力学でも，肯
定的反応（A領域）と問題解決行為（B領域）が選択されている。子どもの
選択した片づける行動に対し，父親の期待の構成は，子どもはもっと遊ぶこ
とを期待しており（A3），その指示を求めている（B4）という構成であった。
そしてそれを文脈に，母親のメッセージよりも，父親のメッセージを子ども
が受け入れることが期待されていた。

　そして次の座標(7)→座標(8)→座標(9)の（父親の行為選択への子どもの
期待構成に限定する）局面では，問題解決の力学は衰退する。それは，矛盾
する父母のメッセージへの期待の構成ができず（D11），子どもが反応の停
止状態に至ったからである（D12）。ここではD領域が優位な力学が生じて
いる。

　このように，三者間の問題解決過程は，A，B領域の力学が優位であった
前半のトランズアクション過程と後半のD領域が優位となるトランズアク

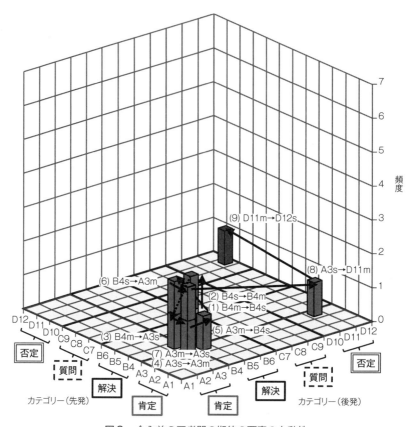

図2 介入前の三者間の期待の要素の力動性

ション過程が連続し，ケアの相互生成力学が衰退する力学が，3次元グラフを用いて視覚的に示された。

4. 力動性の効果測定

上記の家族システムにおいて生じている，問題場面での三者間のトランズアクション過程における期待の要素の相互生成力学の変容とその効果測定を，以下では示してみたい。ここでは具体的な期待の差異化の技法使用[1]と差異生成過程の詳述は省略するが，仮に父親が，母親の「おもちゃを片づけてね」のメッセージに対し，片づける行動を選択している子どもの行動への

第4章　コミュニティの生成力学の効果測定論　　*111*

表5　介入後の期待の要素とカテゴリー（父子）

期待の要素	内　容	カテゴリー	
5 父 m[em] [1]	母親の指示に従って片づけていることを認めてほしい	A3	}(4')[2]
6 父 m[es]	認める言葉を求めている	A3	}(5') }(6')
7 父 s[em]	励ましのメッセージと理解してほしい	A3	}(6') }(7')
8 父 s[es]	片づけを終えることを期待する	A1	}(7') }(8')
9 子 m[em]	自分を励ましているメッセージだ	A1	}(8') }(9')
10 子 m[es]	両親の励ましに答えられる行動を期待されている	A1	}(9')

1　ここでは子どもに対する期待の構成のみを示す。
2　(4') のＸ座標は表3の4子 m[es] の A3 である。

期待構成を差異化し，そこでの父親の行為選択が，「片づけているんだね」
へと差異化したとしよう。この父親の行為選択の差異化を生み出した，父親
の期待の構成要素が，表5の要素になったとしよう。

　この時，子どもが片づけを終えることができれば，母親も父親も子どもに
対し，「上手に片づけたね」（A1）と言語的報酬を与えることができるであ
ろう。このような，新しい父母子三者間の行為連鎖を生み出す作用力として
の新しい期待の生成力学は，図3に示される。ここでの三者間の期待の生成
力学は，D 領域の要素の生成力学は顕在化せず，A，B 領域の要素の相互生
成力学が活性化していることが視覚的に示されている。

　介入前の父子間および母子間の期待の要素の力動性を示す図2と介入後の
図3を比較してみると，三者間の期待の生成力学は，変容していることが視
覚的に把握できる。図2の座標(7)～(9)で生じた D 領域の要素の相互生成
力学は，図3では，A領域と B 領域間での生成力学の持続へと変容している。
つまり，父親の子どもの行為への期待の構成要素の差異化は，この三者間で
の期待の要素の相互生成力学の変容，つまり，D 領域の生成力学をミニマム
化し，A，B 間の生成力学が持続する力学の生成になったことが示されてい
る。

　それゆえ図3の力動性は，問題増幅過程に陥る期待の要素の結合様式で
あった三者間のトランズアクション・システム（＝コミュニティ）の力動性

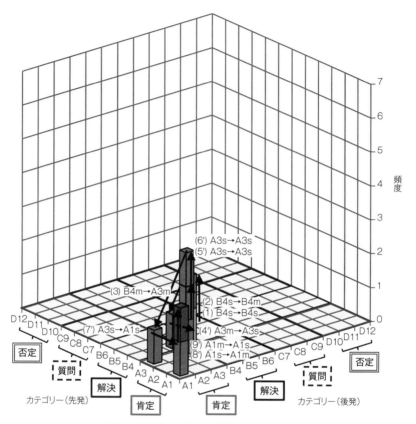

図3　介入後の三者間の期待の要素の力動性

(図2) に対し，新しい問題解決過程を生成する期待の要素の結合様式を備えたコミュニティの生成力学を示していると言える。

5．量的変化

ここで，介入前後の期待の要素の量的変化を見てみよう。

この家族構成員間の期待の要素は，介入前ではC領域を除くすべての領域でカテゴリー化されている。しかし介入後は，A，Bの2領域でのカテゴリー化に変容している。このような類型化された期待の要素のカテゴリー間での量的変化は，あくまで介入前と介入後の変化として測定される。各領域

表6　介入前後の期待の要素のカテゴリーの数量的変化

期待の要素		介入前				介入後			
		A	B	C	D	A	B	C	D
母子の シークエンス	母1o[om]		B1				B4		
	母2s[es]		B4				B4		
	子3m[em]		B4				B4		
	子4m[es]	A3				A3			
父子の シークエンス	父5m[em]	A3				A3			
	父6m[es]		B4			A3			
	父7s[em]		B4			A3			
	父8s[es]	A3				A1			
父（母）子の シークエンス	子9m[em]				D11	A1			
	子10m[es]				D12	A1			
合計		3	5	0	2	7	3	0	0

の選択数の増減の傾向と問題解決との関係は一般化されない。この事例にお
いての変化としてのみ示される。

6. ミクロレベルのコミュニティの生成力学の効果測定

　上記のように期待の構成要素（[em] と [es]）を，ベールズのカテゴリー
を用いて類型化し，3次元グラフで視覚化することで，主体間の行為と行為
の連鎖を生み出す力学が，より詳細な期待生成の力動性および量的変化とし
て示すことができる。言語行為全体（s）とは，言語あるいは非言語により
伝達されるメッセージの内容とそれに伴う期待から構成される。本書で繰り
返し述べているように，主体が自ら産出した意味構造が，内閉的事態に陥ら
ないためには，そのメッセージに他者への期待が伴わなければならない。そ
の期待が変容するならば，それは他者の行為選択の差異化の力として作用す
る。このような期待の差異化を文脈として，行為の生成力学の変容が生じる
と考える。
　表7は，「4. 力動性の効果測定」で例示した父親の行為選択の差異化に連
続して選択された行為群を示している。図4は，表7を図示したものである。

表7 介入後の三者間の言語行為群sとカテゴリー

主 体	シークエンスの要素	カテゴリー
母1	おもちゃを片づけてね	B4s
子2	（片づける）	A3s
父3	片づけているんだね	A3s
子4	（片づけ続ける）	A1s
父母5	上手に片づけたね	A1s

(1) (2') (3') (4')

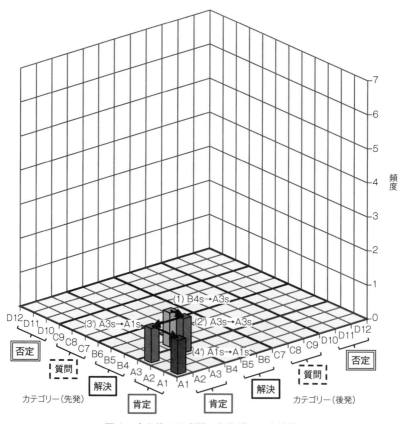

図4 介入後の三者間の行為群sの力動性

図1と図4を比較すると，三者間のシークエンスの力動性の変化が視覚的に把握できる。図1の三者間の言語行為のシークエンスの生成力学は，父親の期待の要素の差異化を引き金に変容した。その変容は，図4に示すような新しい言語行為の連鎖の力学の生成として示された。ここでは，おもちゃというもの（io）を媒介させた三者間で，他者の行為を制限する否定的反応が消滅し，他者に対し具体的な解決行為を示したり，あるいは肯定的な反応を選択したりするという，他者の新たな現実作りの可能性を顕在化させる行為群，つまりケア実践の相互生成力が活性化したことが示されている。

　このような父母子間で，子どもの主体的な行為選択を強化する両親の行為の相互生成力学の増大は，たとえば，母親の子どもへの過度の統制に不快な思いをしていた夫の両親との関係を変化させる力になるかもしれない。あるいは母親は，自らの両親との過剰な結びつきを変容させるかもしれない。むろんこれらの変化を強めるためには，一連の技法による関与がさらに必要となる。

　このようにミクロレベルの生成力学の変化から，新しいコミュニティは生成される。

Ⅳ．小　括

　本章では，他者の世界構成の可能性を実現することへの配慮的かかわりとして定義される哲学的な概念であるケアを，具体的な行為（メッセージの内容の期待構成および期待行為）として捉えなおし，配慮的な伝達行為のみならずそれが受け手より構成される側面をも取り入れ，トランズアクション過程が配慮的に進む，問題解決力学の測定法の概略を示した。同時にこの過程を妨げる力学が発生する事態の測定法も提示した。

　ここで示した測定法は，社会構成主義のキー概念である差異に依拠した，これまで示してきた社会構成主義的な測定法の発展版である。ここでは配慮的なトランズアクション過程を，期待の伝達行為とそれらの意味構成に再構成した上で，対立増幅力学と問題解決力学の変化を説明する方法が示された。

本章で示した仮想事例の逐語では，期待の各要素をすべて列記する形で提示し，それらを類型化した測定図を作成したが，臨床場面においては，すべての要素が必ずしも抽出されるわけではない。それゆえこの測定法は，本章で示した要素群のすべての記述を求めることを遵守することを要請する測定法ではない。クライアントが，支援者との関係において記述した要素群に基づく測定法であり，その意味でも客観的な測定法とは異なる。

この効果測定法における課題を挙げるならば，効果測定の3次元グラフの活用法である。たとえば，生じた力学の変化を視覚的に示すことに加えて，差異化の方向性や技法選択法への活用に向けた研究手法の開発である。それは，単独の支援者が活用することにとどまらず，多職種チームにおいて，相互に変容法を検討するツールとして活用する方法についても考察していきたい。3次元グラフで示されたどの座標の要素に対して介入を試みるのか，そしてそこでは，どのような技法選択が可能か，それはどのように実行可能かなどを議論することが可能と考える。そのためには，シークエンスの要素の確定法，そしてそこでの期待の要素の記述法とその類型化の基準の精度をさらに向上させ，その簡便な方法の開発も課題と考える。

[注]

1　詳しい期待の技法群とその使用法については，第2章，第3章を参照のこと。

第Ⅱ部
実践編

第5章

コミュニティ内の支配的期待規則の差異化と身体症状の変容

は じ め に

　本章ではケアの概念を哲学的基礎として，人とものが「〜として」構成される文脈の相互生成論という視点から，身体疾患への対処困難さを軸に，コミュニティ内で支配的であった期待の規則を，ものの世界での意味構成の差異化から，対人的世界での期待の差異化を実現した支援の実際を論じる。

　本章でのコミュニティは，従来型の行政区分に基づくコミュニティではなく，トランズアクションの主体たちそれぞれが，他者の世界構成の可能性を実現することに貢献する過程で自らの世界を作り出していくという，ケア実践が相互生成するトランズアクション・システムである。トランズアクション過程では，人は言語と非言語を伴うメッセージ伝達行為を使い，さらにそこにものの世界を組み込み，それぞれの相互連関過程で特有の意味的世界を構成する。トランズアクション過程における各情報は，存在の可能性への企投としてのケア実践（つまり差異づくりの実践）を通して，共同主観的に構成される規則に基づき処理される。それは局面で，各々の世界を構成するために取り込むべき要素を決め，その処理方法を産出する。

　ところがこの共同主観的に構成される処理規則に基づく実践が，身体疾患への対処困難さを軸に，トランズアクション過程の局面でその差異生成力を衰退させるケア実践になるとき，クライアントにとって解決困難な現実が実在化される。しかしながら，そのように見える各構成員のケア実践も，トランズアクション過程では，共同主観としての規範を共有しつつも，実際の言語行為の選択局面では各々差異を作り出す力を有する。それゆえ局面での言

語行為やその期待構成の要素の差異化は，共有される規範の変容力となる。本章では，局面での期待の要素の差異化から身体症状を軸にした解決困難な世界が慢性的に構成されるコミュニティの生成力学の変容を図った支援の実際が論じられる。

　各主体の意味的世界の構成規則については，第1章で述べた重層構造論であるCMM理論を採用して説明してみよう。一般化された他者[1]の現実定義力は，CMM理論で言えば，自他の世界定義法（Life-script）のレベルの力として垂直的ループ[2]において作用する。このレベルの規則は，関係性定義や出来事定義を拘束する力として作用する。そして，水平的ループ[3]における他者のメッセージへの主体の期待構成および他者への期待伝達に影響力を持つ。この統制的な力学は水平的ループにおいて，局面での期待の構成法や期待の伝達法の差異化力を活性化することで，衰退する力学である。またCMM理論では，ものへの意味づけと水平的ループの関係については考察が十分ではなかった（本書第1章を参照）。ものは対人的な文脈により，さまざまな「〜として」の意味を付与される。その際その意味は，行為者への意味構成と相互連関的に構成される。それゆえ意味的世界の生成は，人とものの2つの構成軸で説明される。つまり，ものそのものが固有の意味を有するのではなく，対人的な文脈に置かれることでものが対象化され，特有の意味を有する用材となる。逆に用材化されたものは，人の社会的行動を支える文脈として作用する（もののヒト化[4]）。もの（身体を含む）への「〜として」の意味構成を差異化し，それを水平的ループで対人的世界の（期待の）構成規則の差異化へと連動させていくことで，クライアントのコミュニティを変容する差異生成力となる。

　このような枠組みに基づく実践過程で用いた技法は，ものの「〜として」の対象化とその差異化，そしてそれを文脈とした対人的世界での期待の差異化の技法である。それは，循環的質問法の類型の略記号（第3章表1〜表4を参照）を用いて，変容過程における技法群の複合的かつ連続的使用論として論じられる。

I. ものと人の世界における期待の変容技法論

1. 人とものの四肢的構造と力学，そしてその変容論

　対人間の意味的世界の構造は，ものと人の四肢的構造から説明される。そしてその力学は，具体的なトランズアクション過程において考察される。この四肢的構造は，クライアントが訴えた世界が生成される構造を考察する枠組みでもある。クライアントの訴える世界は，生活場面での出来事群の束で構成されている。つまり，クライアントは訴えを説明しなおすことを求められることで，具体的な生活場面の出来事群を，その構成要素として語る機会を与えられる。そこで語られる出来事群は，時間的空間的な軸を入れて整理しなおされる。整理された出来事群の中の1つの出来事は，さらにトラッキングによって，行為選択（ものへの行為を含む）と意味構成として記述しなおすことができる。トラッキングによって記述されたものと人への行為選択と意味構成は期待を伴う。この期待の構成要素を明確化し，リフレクションすることで，伝達者の伝達行為に随伴する期待（s[em, es]）か，あるいは受信者による伝達者のメッセージへの期待の構成（m[em, es]）が差異化される。本章では，他者の行為への期待構成（m[em, es]）の差異化を，もの軸での意味構成の差異化から，人軸での期待の差異化力を活性化し，ひいてはコミュニティの生成力学を変容するという，人とものの構成軸を活用した期待の差異化の支援過程を論じる。

　症状を伴う人の身体（bi）は，患者自身によってものとして対象化される。つまり人の身体は，対人関係の中で，物質としての身体とは異なる，特有の意味を付与される社会的な物としての側面を有する。たとえば，ある特定の身体の部位（bi）から水分が噴出することで，それは「涙」（io）と名付けられ対象化されたり，「汗」として文脈化されたりする。「涙」として命名された水分を噴出したクライアントの身体は，他者との関係において，「敗北者」であることを意味する身体にもなれば，「情緒豊かな性質」を持つ身体としても対象化されうる。同じ成分構成の水分であっても，足裏の皮膚から

噴出した水分は，「臭う汗」として対象化される。そして「汗臭さを有する身体」という構成が文脈となり，対人的世界での特有の期待が構成される。それは，ある文脈においては，その臭気を他者から指摘されるのではないかという他者の行為への恐怖的な期待の構成を生じさせ，そしてその原因と見なされる自らの身体を，臭いの根源を除去すべき身体として対象化し，対処行動を選択させる力になる。涙として意味づけられた場合，それが臭気と結びつき，他者の行為への恐怖的な期待の構成法が作動することはないであろう。

　あるクライアントが自らの臭気が気になって，人がいる場所が恐いと訴えたとしよう。さらに説明を求めるならば，このクライアントは，自分の身体からは臭気が出ており（身体への意味構成），それを他者が嗅ぎ取り，非難しようとしている（他者の行為への期待の意味構成），具体的には他者が，鼻先辺りで手を左右に振る行為（非言語的メッセージ）が，自ら（の身体の臭気）を非難する行為 m[em] であり，だからその臭気を除去しなければならない m[es] と説明するだろう。この時，クライアントの他者の行為への期待の構成と他者が伝達する期待とは，大きくずれが生じている可能性がある。

　しかし両者がこのずれに気づくことなく，状況への対処を相互に試みる場合，クライアントにとって，他者とのトランズアクション過程は，非難される現実が再構成される過程になる。つまりクライアントのコミュニティでは，クライアントの他者の行為への期待の構成は，従来の規則が維持する。またクライアントの行為に随伴する期待も，他者の行為の差異化に連動しないため，クライアントの苦痛の世界は持続する。ここでのクライアントのケア実践は，他者の世界構成の可能性の実現に結び付かない，差異化の力学が衰退したケア実践と言える。それゆえ，クライアントの訴えの解決には，他者とのトランズアクション過程で，期待の差異の生成力を増大させ，ケア実践の相互生成力を強化することが求められる。その１つの方法は，クライアント自身が，自らの身体の臭気について差異化を試み，それを文脈にして，対人的世界での期待の差異化を試みることである（もの軸での身体の差異化から人軸でのメッセージの期待の構成要素の差異化）。たとえば，クライア

ント自身が，もっとも汗が出たと感じた身体の部位とその量を記述し，それを基に推測される臭いの程度と拡大範囲について差異化を試みることが可能である。この臭いの差異化を文脈にして，対人的メッセージにおける臭いを指摘する他者の言語内容（c）への差異的構成を試みることができる。

　ここであえて言及しておくが，主体対対象という自明とされる二分法は，物象化した世界の説明法である。本書でこれらの用語を用いるとき，実際のトランズアクション過程において明確な区分が実在するということを前提していない。しかしながら，この二分法を差異化の局面を作り出す上で活用することは，クライアントが意味的世界をリフレクションする構成軸として活用できるという利点がある。このプラグマティックな面での利点から用いる概念であることは，あらかじめ強調しておきたい。

2．期待の差異化の手順と技法使用法

　以下では，ものの構成軸での意味構成のリフレクションを文脈として，人軸での他者の行為に対する期待の構成法を差異化する手順と，そこでの技法の一般的使用法について論じる。

　この技法の使用法については，第3章で示した，新しい循環的質問法の類型（表1〜表4）を用い，期待の構成要素を差異化する過程で用いた技法の複合的かつ連続的使用法を，主分類と副分類に区分して示す。

(1) 変容手順

　第Ⅱ節の事例における基本的な期待の要素の変容手順を示す。

　① クライアントの訴えの記述を励ます

　クライアントの訴えは，クライアントの特有の世界が構成されるコミュニティに関する情報であるため，支援者は，訴えについて，クライアントに自由に語ることを励ます。そして，クライアントの特有の世界の構成要素である出来事群の記述を促す。

　② 問題場面のトラッキング

　クライアントにより，訴えについての具体的な出来事群が説明されたならば，それは対人間の行為の連鎖過程（水平的フィードバック・ループ）とし

て記述しなおすことが可能となる。その過程で取り入れられている，ものへの関与法も，人とものの区分法を取り入れて質問することで記述が可能となる。

③　ものの世界を軸にしたものへの意味構成のリフレクション

クライアントが記述した苦痛の世界を構成する出来事を行為連鎖として記述したならば，行為と選択する対象である‘もの’に着目し，その‘もの’への意味の差異的記述を試みる。

④　ものの世界で生成した差異を文脈に，人の世界での期待の差異化を試みる

ものの意味構成が差異化されたならば，それを文脈として，対人的世界での他者の行為選択への期待構成の差異化と連動させる。

⑤　差異を取り入れた新しいシークエンスの実践計画

他者の行為選択への期待の構成が差異化されたならば，それを文脈として，クライアント自らの新しい行為選択の浮上が試みられる。それはクライアントの新しいケア実践が，他者の世界構成の可能性を実現する本来的ケア実践になることが目指される。そしてそれは，生活場面で実行可能な行為として考案され，実行計画が具体的に立てられる。

⑥　日常生活場面での実践

クライアントによって立てられたケア実践の計画は，クライアントの生活場面で他者に向けた言語行為として実践される。

⑦　実践の評価

実践の結果は，クライアント自身が評価する。その方法は，クライアントが，自分の実践した言語行為とそれに付随して生じた他者の行為の連鎖過程（水平的フィードバック・ループ）を記述し，その記述された要素群に対するリフレクションを通して行われる。

（2）技法使用法

上記の変容手順①〜⑦において，本書第3章の第I節で論じた，一連の技法が使用され，クライアントのコミュニティの変容が試みられる。以下では，変容手順に準じ，一般的な技法選択法を，表1〜表4の略記号を用いて論じ

る。

　クライアントの苦痛の訴えは，さまざまな出来事群を構成要素として，苦痛として束ねられた世界構成法である。それゆえ，まず苦痛として構成された世界についての記述を求める技法を選択する。その典型的な技法は，循環的質問法における時間的文脈の質問，中でも二者間の行為の結果を聞くTCaや過去の問題場面を面接場面で語り直すことを意図した，時間的差異の質問であるTDの質問などである。それに加え，記述を励ますために，コンプリメントやポジティブ・リフレーミングが併用される。

　出来事群の記述がなされたならば，その出来事群の中の1つの出来事の構成要素を明らかにするトラッキングの技法を用いる。この出来事をトラッキングする段階では，TCaに加えて，カテゴリーの文脈の質問（意味付けを文脈とした行為を聞くCCa1，行為を文脈とした意味付けを聞くCCa2）を連続的に使用する。これらの技法を繰り返し使用することで，クライアントの訴える1つの苦痛の出来事が，クライアントと他者双方の人とものへの行為選択（ここでは差異の生成力が衰退したケア実践の連続）を時系列化して記述することができる。

　リフレクション段階では，クライアントの記述した要素に依拠しつつ，他者の行為への期待構成や自らの行為選択での期待伝達の記述とその差異化を求める。たとえば第3章の第Ⅱ節の4では，もの軸での差異生成を変容の引き金として，人軸→もの軸→人軸という，差異化の構成軸を変換していく過程を示し，さらにそこで使用する技法群については，カテゴリーの文脈の質問（CC）→差異の順序付け（OSD）と時間的差異の質問（TD）→カテゴリーの文脈の質問（CC）という連続的な技法の使用法を具体的に示している。以下の本章第Ⅱ節においても，クライアントのコミュニティの変容を，もの軸での差異化から波及させていくことを意図して，人軸→もの軸→人軸とその差異化の構成軸を変換しつつ，時間的文脈の質問（TC）→カテゴリーの差異（CD）と差異の順序付け（OSD）→時間的文脈（TC）とカテゴリーの文脈の質問（CC）→カテゴリーの差異（CD）とカテゴリーの文脈の質問（CC）を系統的に使用する技法選択法が論じられる。

　クライアント自身によって実践の結果を評価する段階では，問題のトラッ

キング場面と同様の技法群（TCa および CCa1，CCa2）が使用され，さらに差異化を推し進めるための循環的質問法が，クライアントの記述に合わせて使用される。

（3）支援者のメッセージの類型

支援者の質問としてのメッセージの差異化の意図は，人が他者へ向けて発するメッセージの意図が多様であるのと同様に多様であり，またメッセージの受け手によって，多様に構成されうると考えなければならない。対人的コミュニケーション過程において，支援者の質問だけが特別に1つの意味を伝達しうるメッセージになることは前提できない。それゆえ，クライアントの期待の差異化を意図して伝達される支援者の質問法も，複合的な意味の伝達側面を考察しなければならない。むろんクライアントは，独自の規則に基づきそれを構成するため，支援者の伝達しうる意図からずれる力学も考察する必要がある。そこで，支援者の選択した技法の分類法として，複数の記号を用いた類型化を行う。支援者が，差異化を意図した質問として選択する1つのメッセージは，ある要素の差異化に焦点化されている必要がある。これを主分類とする。通常支援者は，その差異化の意図に続く，さらなる差異化を意図して質問法を選択していく。それらは，クライアントの応答への影響力を有する。それゆえ，次の局面で選択しうる差異化の質問法を副分類とする。この副分類としての質問法の類型は，［／］の記号の後ろ側に略記号で記載する（主分類／副分類）。なお副分類の記述は，2つ以上の選択が考えられる場合は，副分類を複数並列させて記述する。

Ⅱ．支配的期待の規則の差異化とコミュニティの再構成の実際

以下では，20歳代の過敏性腸症候群（Irritable Bowel Syndrome; IBS）のクライアント（以下，CLとする）[5]への支援過程の一部のデータを用いて，症状の持続に伴い苦痛の対人的世界が顕在化するクライアントのコミュニティの力学と構造を，もの的世界（身体とものを含む）での意味構成の差異生成

力の活性化を文脈として対人的世界での差異生成力を増大させ，コミュニティ全体を変容するという，新しいコミュニティ変容論の実際を論じる。またそこでの新しい循環的質問法の類型化と使用の実際を示し，本事例での技法使用法を論じてみたい。

1．事例の概要

　CLは，高校生の時にIBSの診断を受けた女性であった。CLは，面接開始時までに，徐々に身体症状をコントロールできるようになってきていたが，人が集まる場所を避けていたため，専門学校への通学が困難にあり，勉学への支障が出ていた。CLは，IBSの症状に伴う身体の悪臭，つまりものの世界（ここではCLの身体も含む）への否定的構成を軸として，恐怖的な対人的世界を構成していた。彼女の広範な人間関係，言い換えるとコミュニティ（対人，対ものとの関係性全体）は，臭いの除去を命じる他者，命じられる自己そしてそこでの臭い除去の対処行動のみが解決法であるとする構成原理より形成，維持されていた。CLは，IBSの症状がいつ出るかわからないため，常に臭いをなくす自分になることの不可能性を前提とし，社会的関係から引きこもる行為を選択していた。そしてその行為は，他者のメッセージを，否定的なまなざしとして意味付ける規則を強化する先行的な力として作動し，CLのコミュニティにおいては，CLのケア実践は，差異的世界の構成力を作動させる力学は微弱であった。それゆえ，このCLのコミュニティの変容に向けて，疾患を軸に構成された恐怖的な期待の構成規則を，もの的世界の意味構成の差異化から，対人的世界の期待の差異化を試み，CLの具体的な他者への新たなケア実践（それは他者が新たな存在となる上でのケアを含む）の生成が試みられた。

2．変容手順

　本事例では，次のような変容手順が採用された。

①　訴え（「臭い」(io）に関する対人的世界での他者のメッセージに対する期待の恐怖的構成が生じた場面）の記述

② トラッキング：クライアントの期待の恐怖的構成が生じた場面のシークエンスの要素（行為選択と意味構成；もの的世界と対人的世界を含む）の記述

③ もの的世界での身体の部位（bi）と臭い（io）への意味構成と行為選択のリフレクション

④ もの的世界で生成した差異化の力学を文脈とした，対人的世界での他者の行為選択へのCLの期待構成の差異化

⑤ 差異を取り入れた新しい対人的世界でのケア実践の実行計画

⑥ 日常生活場面での実践

⑦ 実践の評価

　この過程で用いられた支援者の質問技法の複合的カテゴリー化は，3名の専門家によって実施された。なお分析対象の逐語は英文であるため，本書ではその和訳[6]を用いた。

　以下では，変容手順と照らし合わせ，逐語を用いて期待の差異化過程と技法使用そしてコミュニティの生成力学の変容過程を考察していく。

3．期待の差異化の技法とコミュニティの生成

(1) 訴え
　初回面接でCLは，IBSの症状の再発を恐れ，人が集まる場所に出られず，また自分の苦しい心身の状況を，家族にも他の人たちにも理解してもらえないことを訴えた。そして他者と一緒にいる場面では，他者が鼻のあたりを触ったり，手を鼻に近づけたりする行為を探し，それを見ると不安になって症状が悪化することを訴えた。

(2) 問題再発場面での構成要素の記述と期待の恐怖的構成のメカニズム
　2回目の面接でCLは，数日前に症状が再発し問題となった場面を報告した。そこで支援者（以下，Therapistの略でTHとする）は，その場面を具体的な要素（行為連鎖）として記述することから始めた（表1参照）。つまり，CLが問題場面で作動させている期待の規則を顕在化させるために，まず行

第5章　コミュニティ内の支配的期待規則の差異化と身体症状の変容　　*129*

表1　問題場面の構成要素の記述過程

番号	人物	逐語（和訳）	技法分類
1	TH	今日は，数日前に何が起きたのか教えてほしいのだけど。	TCb／CDc(io)
2	CL	また起こったんです。	
3	TH	うんうん。ちょっと，何が起こったのか，よく理解するために，もう少し聞かせてほしいのだけど。どう？　いいかな？	TCb／CDc(io)
4	CL	ええ，いいわよ。	
5	TH	ありがとう。最初何が起こったの？	TCb／CDc(io)
6	CL	友達の家で時間を過ごしていて，私たちはリビングルームで話をしていたんだけど，彼女のお母さんが話をするために入ってきたの。その時急に，彼女のお母さんが鼻にしわを寄せて，「なんかひどい臭いがするわね」と言ったの。	
7	TH	で，何が起こったの？	TCb／CDc(io)
8	CL	飛び上がって，涙を浮かべて「すみません，失礼します」と言ってトイレに駆け込んでドアを閉めた。	

為連鎖の記述から開始したのである。この段階では，CL が問題場面を構成するシークエンスの要素を記述することを促すために，TH は主分類として，複数人間で生じた行為連鎖（人軸）の記述を促す時間的文脈の質問（TCb）を TH1 〜 TH7 で繰り返し用いた。そしてそれぞれの副分類は，対人的世界と連動しているもの的世界の構成要素（排泄物（io）や臭い（io））の記述の明確化を意図していたため，CDc（io）であった。以下，一つひとつの質問法と，クライアントが記述した要素の過程を論じてみたい。

　表1では CL が，問題が生じたと構成した場面の記述過程の逐語を示している。この場面は，CL の友人の母親（以下，Mother の略で M とする）が，CL と友人がいる部屋に入ってきたところから，CL が部屋を出てトイレに駆け込むまでの行為の連鎖過程（水平的フィードバック・ループ）が記述されている。この CL が記述した問題場面の構成要素は，以下のように整理される。

130　　　　　　　　第Ⅱ部　実践編

M1s：（友人の部屋に入ると，鼻にしわを寄せ）「なんかひどい臭いがする
　　　わね」
CL2s：（飛び上がって，涙を浮かべて）「すみません，失礼します」（部屋
　　　を出てトイレに駆け込み，ドアを閉める）

　この問題場面において，M1s に対する CL2s の行為選択には，CL 特有の
他者の行為への期待の構成法が作動していると考えられる。M1s のメッセー
ジを言語と非言語に区分し考察すると，以下のように説明できる。

M1s：NV＝鼻にしわを寄せる，V＝「なんかひどい臭いがするわね」

CL の期待の構成：$\dfrac{\text{M の NV}}{\text{M の V}}\Big|$ [7]

　M の NV ＝臭いのする自分を非難し，臭いを除去する行為を命令する
　M の V ＝自分の身体の臭い（io）を指摘する内容
　　　　　　NV=non verbal の略，V=verbal の略
　　　　　$\dfrac{\text{A}}{\text{B}}\Big|$ は A を文脈に B が構成されることを意味する記号表記法

　CL は，M の NV を文脈に M の V の言語内容を自らの臭いへの指摘とし
て構成し，特有の行為（謝罪をし，その場を離れる）を選択している。これ
は，M の NV と V を自分の臭いを指摘する行為以外の何かである可能性を
排除することで成立している構成法である。また CL の対処行動は，自らを
臭いのする身体を有する存在として構成し，その他の存在になりうる可能性
を排除した，臭うだけの自己の再生産過程を持続させる偽解決行為と評定さ
れた。この過程では CL も他者も，他の可能性へ開かれた存在になるケア実
践の相互生成力は衰退している。
　この M のメッセージに対する CL の期待の構成文脈が差異化されるなら
ば，CL の特有の対処行動も差異化され，それは他者（M）の行為選択の差
異化も可能になる。そこで TH は，CL が記述した M のメッセージ（M1s）

第5章　コミュニティ内の支配的期待規則の差異化と身体症状の変容　　　*131*

に対し，CL が作動させている期待の構成要素の差異化を意図した面接を展開した。その際，人軸ともの軸を入れ換えつつ差異化の文脈を構成した。

(3) 問題場面の構成要素（もの軸）の差異化過程

① もの（排泄物）の意味の差異化過程

ここでは，CL がトイレに入ってからの対処行動（つまりものへのケア実践）である「拭き取る」行為（表2の10CL）を試みた対象である'もの'（排泄物及び身体）の差異的構成を試み，「臭い」の差異化の文脈づくりを試みた（表2）。ここで，人軸からもの軸へ，差異化の構成軸が移行する。

9TH で TH は，CL がトイレに入って試みた行為の結果の記述を促している（主分類 TCb）。そこでは対処を試みた対象物の臭いの差異化も意図されていた（副分類 CDC (io)）。それに対し CL は，10CL で，排泄物を処理した一連の行動を説明した。そこで 11TH で TH は，CL が「拭き取る」行為を試みた対象群（身体と下着と排泄物）の関係についての差異的記述を求めた（主分類 CDc (io)）。この質問は，下着を汚す場合と比べ，排泄物の臭いには差があるという，臭いの差異的記述を意図した質問でもあった（副分類 CDc (io)）。CL は 12CL で，これまで下着を汚したことはないと説明した。

次に TH は 13TH で，拭く行為を試みる対象（CL の身体）の差異的記述を求めた（CDc (bi)）。この質問は，身体から発する臭いを最小化する記述も意図していた（副分類 CDc (io)）。すると CL は，身体全体ではなく，肛門（臀部全体でもない）として限定して答えた。そこで TH は，15TH で付着していた排泄物の量に焦点化し，その量についての差異的記述を求めた（主分類 CDc (io)）。それは臭いをさらに最小化して記述することを意図していた（副分類 CDc (io)）。CL は，16CL でその量はそれほど多くはないことを語った。そこで TH は 17TH で，16CL の記述をさらにその量を限定するための質問を試みた（主分類 CDc (io)）。それは，臭いの極小化を副次的には意図していた（副分類 CDc (io)）。CL は，18CL で25セントコインの大きさくらいであると認識していることを示した。この記述は，他の硬貨の大きさの排泄物の時に比べて臭いを差異的に記述することを可能にする。さらに TH は 19TH で，今回の排泄物の大きさとこれまでで最も大変だった時

132　　　　　　　　　　第Ⅱ部　実　践　編

表2　もの（排泄物）の差異化過程

番号	人物	逐語（和訳）	技法分類
9	TH	で，どうなったの？	TCb／CDc(io)
10	CL	ずっと泣きながら，パンツをおろして，出たものを拭き取って，トイレに流したの。	
11	TH	下着が汚れたの？	CDc(io)／CDc(io)
12	CL	いいえ，私の場合，出ても下着を汚したことはないの。	
13	TH	じゃあ，どこを拭いたの？	CDc(bi)／CDc(io)
14	CL	肛門。	
15	TH	たくさん拭き取ったの？	CDc(io)／CDc(io)
16	CL	そんなにではない。	
17	TH	どのくらい？　25セントコインの大きさくらい？	CDc(io)／CDc(io)
18	CL	うん，そのくらい。	
19	TH	えっと，聞いてみるけど，今回のは（今までと比べて）とってもひどい時と同じくらいの大きさだった？それともそうではない程度？……もし数値化あるいは順序付けができたら，今回のはどの程度だったか教えてくれる？	OSDa(io)／CDc(io)
20	CL	大きい方では全然ない。私の場合，いつもだいたい大量に出ることはない。	

の排泄物の大きさを比較し，その序列を差異的に記述することを促した（主分類OSDa（io））。それは，今回の場面の臭いについての差異的記述を促すことを意図していた（副分類CDc（io））。CLは，20CLで，今回の排泄物の大きさは，これまでCLが経験した問題場面の中でも，大きい方のものではないと記述した。

　このものの世界での差異化と技法選択についてまとめると以下のようになる。対処行動を試みた対象物として，CLの身体に着けているもの（11TH）と排泄物の関係，CLの身体の部位（13TH）と排泄物の関係，そして身体か

第5章　コミュニティ内の支配的期待規則の差異化と身体症状の変容　　*133*

ら排泄されたもの（15TH, 17TH, 19TH）と臭いについての認識の差異的
構成が試みられた。そこでは，それらの差異的構成を促すカテゴリーの差異
の質問（CDc（io），CDc（bi）そして OSDa（io））を連続的に組み合わせ
た使用法が示された（表2参照）。

②　もの（臭う排泄物）の差異化を文脈とするもの（臭う身体）の差異化
　　過程

　上記のもの（排泄物と身体と臭い）の差異的記述を文脈として，表3の
21TH‐26CL では，同じくもの軸を差異化の構成軸として，今度は臭いの差
異化が集中的に試みられた過程が示されている。

　TH は 21TH で，差異化された排泄物の大きさをもとに，その臭いの差異
化の記述を促した（主分類 CDc（io））。副分類は身体の臭いの差異化であっ
た（CDc（bi））。CL はこの質問に対し，排泄物の臭いの程度を「ひどくない」
と差異化して記述することができた（22CL）。そして TH は 23TH で，排泄
物の大きさの差異を明確に記述することを求めた（主分類 CDc（io））。ここ
での副分類も身体の臭いの差異化であった（CDc（bi））。CL は 24CL で，最
大量を 50 セントか 1 ドルコイン程度と限定して説明することができた。こ
れは同時に，最も大変な時でも，身体の臭う程度は限定されていることを記

表3　もの（臭い）の差異化過程

番号	人物	逐語（和訳）	技法分類
21	TH	あなたが拭き取った‘もの’の量は，25 セントコインくらいの大きさだったんだよね？　それがひどく臭うものだったのかな？それともそれほどでもない？	CDc(io)／CDc(bi)
22	CL	いいえ。決してひどい臭いではなかったです。	
23	TH	そうなんだね。じゃあ，本当に一番ひどい症状のときは，ふき取った‘もの’の大きさはどのくらい？25 セントよりもちょっと大きいくらい？	CDc(io)／CDc(bi)
24	CL	ええ。50 セントか 1 ドルコインの大きさくらい。	
25	TH	一番ひどい症状の時は，ひどく臭うの？	CDc(io)／CDc(bi)
26	CL	いいえ，まったくそんなことないです。	

述できたとも言える。そこで TH は 25TH で，その場合の臭いの差異的記述を求めた（主分類 CDc (io)）。副分類は同じく（CDc (bi)）であった。CL は，1 ドルコイン程度の大きさの時も，それほど臭わないことを説明することができた（26CL）。

　ここでの技法は，表 2 と同様ものの世界の差異化として，カテゴリーの差異の質問が連続的に使用されている（排泄物の大きさによる臭いの差異 CDc (io) と臭う身体の差異 CDc (bi)）。この過程で CL は，「臭い」を指摘する言語内容を含む M の行為への恐怖的な期待構成を差異化する文脈を自ら浮上させたと言える。これは，CL が自己の身体をひどい臭いが染みついた身体としてモノ化する力を衰退させ，新たなケア実践を試みる主体となる文脈の浮上とも言える。

(4) 対人的世界での期待の構成法と行為選択法の差異化過程

　次に，上述のものの世界での意味構成の差異化（臭いの恐怖的構成力の無効化）を文脈として，対人的世界において，M のメッセージへの CL 自身の

表 4　CL の対処行動後のトランズアクション過程の記述

番号	人物	逐語（和訳）	技法分類
27	TH	そうだったんだね。じゃああなたは，トイレで綺麗にしたあとは，どうしたの？	TCb／CCa2
28	CL	顔を洗って，深呼吸をして，衣服を整えて，友人のいる部屋に戻った。	
29	TH	友達のお母さんもそこにいたの？	TCa／CCa2
30	CL	もう部屋にはいなかった。	
31	TH	その後どうなった？	TCa／CCa2
32	CL	友達は私に「大丈夫？」って聞いてきて，私は「大丈夫よ」と答えた。	
33	TH	そう答えたあとは，どうなったの？	TCa／CCa2
34	CL	一緒に話をして，テレビを見て遊んだわ。	

期待の構成法と行為選択法の差異化が試みられた。つまり「ひどい臭いを放つ存在として自らを見よ m[em]。そして，臭いの元となるものを即刻除去せよ m[es]」という，CL の期待の構成規則を差異化し，CL の新たな期待の構成法とそこでの新しい対処法の浮上，つまりケア実践の生成を試みた。

　①　CL の対処行動に連動した行為連鎖の記述過程

　表 4 は，CL が対処行動を選択した後の対人的世界での行為連鎖の記述過程である。

　TH は 27TH で，ものの世界の記述から，対人的世界での行為連鎖の記述へと質問軸を切り替えている。そのため使用した技法の主分類は，関係者間の行為の結果を明らかにする時間的文脈の質問（TCb）であった。そして，対人間での具体的な行為選択への意味構成の記述（恐怖的な意味構成の差異的記述）が意図されていたため，副分類はカテゴリーの文脈の質問である CCa2 であった。それに対し CL は，身支度を整え友人のいる部屋に戻ったことを説明した（28CL）。TH は 29TH で，身支度を整えてから戻った友人の部屋で生じた結果，つまり恐怖的構成が作動しやすい M の行為の差異的記述を促すために，時間的文脈の質問 TCa を用いた（主分類）。そこでは，臭いを除去したことを文脈に，M のメッセージへの CL の意味構成の差異的記述を促すことが意図されていたので，副分類は CCa2 であった。しかし M は退室していたため（30CL），その後の M のメッセージへの意味構成の差異化は確認できなかった。そこで TH は 31TH で，友人の部屋で生じた，友人と CL とのやり取りにおける，他者の行為への意味構成の差異的記述を促す方向へ差異化の意図を切り替え，時間的文脈の質問を用いて，二者間で生じたことの記述を求めた（主分類 TCa）。そこでは友人の行為への意味構成の差異的記述が意図されていた（副分類 CCa2）。CL は 32CL で，友人から「大丈夫？」というメッセージを伝達され，それに「大丈夫よ」と応答したことを語った。友人と CL の間では，CL の恐怖的な構成法は作動しなかった。そこで TH は，33TH で恐怖的な構成法が衰退した文脈において，友人との間で何が生じたのかを，時間的文脈の質問を用いて CL に記述を促した（主分類 TCa）。同じく，ここでも友人の行為への意味構成の差異的記述が意図されていたので副分類は CCa2 であった。CL は，臭いについての心配を再

136　　　　　　　　第Ⅱ部　実践編

表5　臭いに関するCLの期待の差異化

番号	人物	逐語（和訳）	技法分類
35	TH	もう少し聞いてもいい？　あなたは今回の問題場面での排泄物にはほとんど臭いがなかったと言ったね？	CDc(io)／eCCa2
36	CL	ええ，私にはしなかったわ。	
37	TH	友達はどう？　何か臭っている様子だった？	eCCa2／eCCa1
38	CL	いいえ。私はそうは思いませんでした。彼女は私がIBSの病気を持っていることは知りません。	

浮上させることなく，友人との時間を過ごしたことが説明された（CL34）。

　上記の過程でTHは，時間的文脈とカテゴリーの文脈の質問を用い，CLがトイレを出て部屋に戻ってからの友人とのトランズアクション過程の要素の記述を促した。その結果，友人との間では，肯定的な構成法を持続させていたことがCLによって説明された。

　②　臭いの差異的記述と友人のメッセージへの期待構成の記述

　そこで人軸を差異化の構成軸としたまま，友人のメッセージへのCLの期待の構成の差異的記述が試みられた（表5）。THは35THで，CLがもの軸で臭いを最小化したことを再び取り上げた。これは，臭いの差異的記述をさらに明確化することを意図していたので，主分類はCDc（io）であった。そしてこの質問は，臭いが最小であったことを文脈として，友人のメッセージへの期待の構成の差異的記述を促す意図もあったので，副分類はeCCa2であった。

　CLは，臭いがひどくなかったことを再記述した（36CL）。そこでTHは37THで，このCLの記述（36CL）を文脈に，友人の行為へのCLの期待の構成法の記述をCLに促した（主分類eCCa2）。そして副分類は，CLが恐怖的な期待の構成を読み込まなかった友人の行為についての記述を意図したeCCa1であった。CLは38CLで，友人のメッセージ伝達行為は，自分の臭いを指摘する行為ではないと構成したことを記述した。つまり，CLの友人の行為に対しては，CLの期待の差異的構成法が顕在化した。それは次の局

第5章　コミュニティ内の支配的期待規則の差異化と身体症状の変容　　*137*

表6　Mのメッセージへの期待の構成の差異化

番号	人物	逐語（和訳）	技法分類
39	TH	彼女のお母さんは，あなたの斜め前に座っていて，どうやったら，あなた自身もそして隣に座っている友人もおそらく気づいていない臭いに，お母さんが気づくと思う？	eCCb1／CCa2
40	CL	（長い沈黙のあと）わからない。私が時々誰かが何か臭うということを言ったと思うと，自動的にそれは私のことを意味していると思っていた。そして私がIBSであることを意味していると思っていた。	

面では，Mのメッセージへの期待の構成法の差異化の文脈として使用された。

③　友人のメッセージへの期待の差異的記述を文脈とした，MのメッセージへのCLの期待の差異化

表6では，Mのメッセージに対するCLの期待の構成「ひどい臭いを放つ存在として自らを見よ m[em]，臭いの元となるものを即刻除去せよ m[es]」の差異化が試みられた。ここで使用された技法は，もの軸での臭いの差異化と同じ空間でCLの隣にいた友人の言語行為に対し，自分の臭いを指摘する行為ではないという期待の差異的構成を記述したことを文脈に，Mのメッセージの言語内容とメッセージ全体sのリフレクションを促すカテゴリーの文脈の質問（主分類 eCCb1）であった（39TH）。副分類は，差異化された文脈において，CLがMのメッセージへの新しい期待の構成を記述することを促す質問が意図されていたので，それは eCCa2 とカテゴリー化された。

CLは，Mのメッセージ全体sへの特有の期待の構成法を作動させていたことを自覚的に語ることができた（40CL）。ここでさらに「臭い」に関する期待の構成法の差異化力を活性化するならば，CLの新たな期待の伝達行為，つまり他者の世界構成の可能性の実現へ向かうケア実践が可能となる。そしてそれは，CLが他者一般が選択するMのメッセージと同様のメッセージ（言語内容と非言語的メッセージを含む）に対する期待の規則群を差異化する新たな他者へのケア実践の生成へつなげていくことができる。

4．結 果

　上記では，ものの世界での臭い，排泄物の大きさおよび身体の差異化を文脈とした，対人的世界での期待の構成の差異化過程が示された。CLは，その後，他者のメッセージ（言語及び非言語を含む）への恐怖的な期待の構成法と行為選択法の差異化を強化する面接を数回受けた。その過程でCLは，即自的に他者の言語的メッセージおよび非言語的メッセージを恐怖的に構成する規則を衰退させ，CLの新しい現実の構成規則（意味，期待および行為の規則の新しい連動）を生成した。それは，CLの恐怖的な対人的世界構成法を持続させていたコミュニティの生成力学の変容となった。

　終結時CLは，CLとクラスメイトとのトランズアクション過程において，新しい対処法を考案することができた。それは，クラスメイトから臭いに関する言語的，非言語的メッセージが伝達された場合，クラスメイトにIBSの症状を説明し，臭いをCLのものとして指摘するクラスメイトの行為の問題を指摘する実践プランであった。これは新たな行為選択法であり，これまでの臭い恐怖の世界を再構成する力学を衰退させる規則の生成であった。この新しい対処法の考案とその実践は，症状の持続に伴う否定的な関係性定義や自己定義の重層レベルの揺らぎの力として作動することになった。そしてそれらは，クライアントが，新たな人として世界に現れ，他者も新たな存在になるためのケア実践を試みる主体となるコミュニティが生成したことを示した。

Ⅲ．考 察

　上記では，IBSのクライアントとの全面接過程のうち，特に初期に行われた面接過程の逐語記録を用い，クライアントの臭い恐怖の世界を構成していたコミュニティの生成力学のミクロレベルの変容過程を論じた。

　CLの臭い恐怖の世界構成は，他者の行為へのケア（ここでは期待）の意味構成の硬直化と対処法の限定化から説明され，そこでのものの構成法（排泄物，臭い，身体など）の差異化とそれを文脈とした対人的メッセージの期

第5章　コミュニティ内の支配的期待規則の差異化と身体症状の変容　　139

待の構成法の差異化過程からその変容を示した。そして他者の世界構成の可
能性の実現に向かう実践を伴う，クライアントの新しいコミュニティの生成
力学についても論じた。

　この事例を通して，いくつか発展的議論の可能性が見出される。1つは，
ものの世界での意味構成の差異化を文脈として，人の世界での期待の差異化
を試みるという差異化の構成軸についての議論である。人とものの構成軸を
区分した質問法の使用とその差異の生成過程の理論化が進展すれば，対人的
世界での差異化が困難な（今回のような）事例において，有用な変容方法に
なることが考えられる。

　さらにこの変容法は，クライアントの苦痛の世界を構成するトランズアク
ション群としてのコミュニティを，ミクロレベルでの期待の構成要素の差異
化から試みるという，ミニマリスト・アプローチの実践例として考察を深め
ていくことができると考える。

　そして技法の使用論については，支援者の複数の差異化の意図を明確にし
た，複合的かつ連続的選択法が論じられたと考える。本章では，CL の恐怖
的な期待の構成法を差異化する手法として，人軸→もの軸→人軸と差異化の
構成軸を変えつつ，一方の軸で生成した差異を文脈として，他方の軸での差
異化を促進する過程が示された。さらに，そこでの質問法の連続的使用法は，
時間的文脈の質問（TCa，TCb）やカテゴリーの文脈の質問（CCa1，CCa2）
という文脈の質問を用いて，トランズアクション過程の要素群を明確化し，
そのうえで差異を明確化するために，カテゴリーの差異の質問（CDc（io），
CDc（bi））や差異の順序付け（OSD（io））の質問を中心的に用い，生じた
差異を文脈に，対人的世界では，期待に関するカテゴリーの文脈の質問
（eCCb1 と eCCa2）を中心的に用いるという選択法が示された。この事例に
おいては，上記のような文脈の質問と差異の質問を，複合的に選択すること
で，CL の恐怖的な期待の構成法は差異化されたことが示されたと考える。
なおこのような複合的で連続的な技法使用論の考察は，未整備な部分が多い
ためさらに厳密な議論を積み重ねていかなければならないと考えるが，これ
は差異化の手法の理路を説明できる，新たな技法研究法になる可能性を有す
ると考えている。

最後に本章で示した支援過程は，慢性的な疾患を有するクライアントのケア実践を活性化する新しい支援論として洗練させていける可能性があると考える。つまり慢性的疾患を有する身体が，疾患を軸に治らない身体としてのみ構成されることと，他者への特有の期待構成法と結び付くことが理論化されるならば，CL の対人的世界構成法において，疾患を有している身体の差異的記述（本事例では臭う身体の差異化）を文脈として，他者とのトランズアクション過程の変容を試みる支援論は，応用可能性があると考える。

[注]

1　ミード，G. H. によって定義された概念。
2　各主体が他方のメッセージの意味を重層的に生成する力学のこと。
3　二者間でのメッセージの選択力学のこと。
4　この点については廣松（2001）を参照のこと。
5　なおこの事例は，米国ミシガン大学大学院のガント（Larry M. Gant）教授との共同研究事例であり，本書への掲載許可を得ている。
6　逐語の翻訳は，米国大学院を修了しかつ本書の理論的枠組みを共有している研究協力者と 2 名で行った。
7　このような表記法は，Cronen and Pearce（1985）を参照のこと。

第6章

本来的なケアのネットワーク化による
コミュニティ内の役割混乱の再構成

はじめに

本章では，ケア概念に依拠した情報還流システムとしてのコミュニティの生成力学の変容過程を，廣松の「～として」の相互生成的な役割理論を軸に，トランズアクション過程で混乱していた役割期待の再構成過程として論じてみたい。

人の実践は，役割遂行的である。ケアが社会レベルへと翻訳された役割は，常識的な社会集団の構成員によって共有化され，制度化された役割である。しかし社会的なトランズアクション場面においての役割は，常に「～として」差異化され，生成し続ける（ある場合には，その力動性は常同化する）他者（ものを含む）への行為，期待および意味構成から生成される役割と定義される。

たとえば，「腕が痺れる」と繰り返し訴えるクライアントがいたとしよう。家族構成員は，その訴えを改善しようとさまざまな対処行動を取る。しかしその対処行動がかえってクライアントの訴えを持続させる。このような事例において，戦略派の家族療法家のヘイリー（Haley, J.）らは，システム内での同様の行動パターンの持続[1]が，構成員の症状の訴えを持続させるメカニズムであると説明した（Haley 1963）。それは偽解決と呼ばれた。これは，従来の心身の症状の実在性を前提とした考え方とは異なり，コミュニケーション過程において症状の生成と（病者としての）役割の持続を説明する画期的な実践論であった。そしてこの症状の生成と役割の持続過程の変容には，外部の専門家からのアクティブな介入が必要だと論じた（Watzlawick,

Weakland and Fisch 1974)。ヘイリーらは，役割や症状の持続をシステムレベルの力学として実在化したため，その変容は，システム内部の構成員では困難とされた。

それに対し本章では，他者の新しい「～として」の役割生成の実現に関与することで，自らも新しい「～として」の役割行為者になるという役割の相互生成論を示す（廣松 2010）。この新しい役割の相互生成論では、ヘイリーらが定義した役割行動が常同化した偽解決過程を，本書でのケアの概念に依拠して，ケアが相互生成しない過程と定義する。ケアが相互生成しない過程は，役割遂行レベルで言えば，常識的な社会集団によって共有化された期待の規則に慣習的に従った，他者の自由度を実現する差異化力が低下した役割行動の選択が持続する過程と言える。

この過程の変容は，クライアントが自らの役割遂行，とりわけその期待の伝達および構成の側面を記述し，それをリフレクションする作業による。それは，主体がそのつど他者の世界構成の可能性の実現を試みる差異生成力の復元過程である。各主体による差異生成力の復元は，トランズアクション過程の局面ごとの役割期待の構成と行為の遂行による。そこではクライアント自身が，問題解決の主体となることが前提とされる。

また，クライアントに対する専門家の優位性は否定される。クライアントの役割期待の構成や行為の差異化は，クライアントのシステム内で同型的な手法で行われる。つまりトランズアクション過程において，クライアントと重要な他者との間で「～として」の役割期待と行為が生成されるように，支援者はクライアントとの間において，相互に他者の新しい「～として」の役割生成に寄与するケア実践過程を生成しなければならない。この点は，従来の社会学で述べられてきた役割理論（Goffman 1961，丸木 1986）との差異でもある。本章では，社会が定義する制度化された役割行動や他者から付与される役割期待ではなく，メッセージの伝達過程における受け手の期待の構成あるいは伝達者側の期待の伝達が，トランズアクション過程で役割行為を生成する連結棒として機能すると考える。このような期待の構成と伝達に着目した役割相互生成論は，廣松の役割生成論（廣松 1988, 2010）を基盤としている。それは廣松が，人は「～として」構成され社会的な人になり，ものは

人が「～として」構成することで，問題解決に有用なあるもの（用材）になると論じたことに基づく，局所論的な役割生成論である。この役割生成論に基づき実践論を述べるならば，クライアントの症状の訴えの持続は，トランズアクショナルな過程において，クライアントが症状を有する人になる（一方はそれを支える人になる）という相互の役割期待に関する常同的な送受信が展開している事態と言える。それゆえその変容は，他方が新しい「～として」の人になるような期待の送受信過程の生成である。

　最後に，チーム・アプローチという側面についても言及しておきたい。一般的なチーム・アプローチは，クライアントの問題に対し，各専門職で区分された専門的サービスを効率よく配置する，従来の包括的ケアの実践と結びつく実践である。本書ではケアの定義を，次の世界構成への企投と定義したことで，社会的に定義された職種に基づく類型化されたサービス（制度化されたケア）の提供ではなく，クライアントの世界づくりの可能性の実現に貢献するケアを，多職種間で連携して試みる実践がチーム・アプローチとして定義される。このケアの実践を中心とするアプローチは，多様な専門職間で共有できる支援の枠組みであり，また使用技法も，循環的質問法を共有することで，職種によって分断されることなく，クライアントのケア実践を活性化することができる。本章ではこのようなケア実践のネットワーク過程が，クライアントのエコロジカル・システム全体の変容へと拡大していくことで，ミニマリスト・チーム・アプローチ[2]の実現になることを論じる。

I. 役割期待とコミュニティの生成

1.「～として」の役割生成

　本来，社会的役割の内実は固定化されたものではなく，日常のコミュニケーション過程では，ある役割遂行者の役柄を担いつつ異なる役割期待を受け入れ，反応をすることが求められる。この役柄の担い方および役割期待の受け入れ方は自明ではなく，構成員たちが常にトランズアクションの局面ごとに「～として」（廣松 1988）その意味を構成していくものと考えなければ

ならない。そして他者へ向けた主体の期待の伝達行為が，他者の次の世界を構成する新たな試みにつながるとき，役割も相互生成される。しかし，いったん相互の役割が安定化すると，そこでは相互に「〜すべき」という行為の遂行の規範が生じ，それは固定化した行為の遂行の力となる。言い換えると，双方の期待の伝達行為が，トランズアクション過程群（つまりコミュニティ内）において常同的な行為選択の生成と結びつくとき，そこでの相互の役割は固定化する（ネガティブ・フィードバック・ループ）。しかしその過程は，常に差異化され続けていく（ポジティブ・フィードバック・ループ）動的な力学が潜在的には展開しており，新たな「〜として」の構成が可能な過程であることも忘れてはならない。

　また廣松の述べるように，クライアントの生活世界におけるあるもの（廣松が論じたのは物理的なものの世界であるが，ここでは身体及び物理的なものも両方をものの世界と定義する）は，その人が「〜として」局面ごとに，生活をする上での必要性に応じて構成していくことで，あるものになると捉える。それは，他者との関係性において，特有の期待の構成と伝達行為の要素となる。それゆえ，人のケア実践が，他者の新しい世界構成の可能性へと開かれていくには，ものの世界の「〜として」の構成過程において，差異の生成力を活性化させることが不可欠である。このように，コミュニケーション過程におけるものの「〜として」の差異化は，対人間における特有の期待の差異的構成や伝達行為の差異化の力となる。

2．役割期待の相互生成過程

　人の行為は規範に従う行為であり，期待は対人間の行為と行為の連結棒の役割を担う。この過程は，トランズアクショナルな過程であり，そこでの行為の規範は，生成と安定そして生成として差異化され続ける。行為に伴う期待伝達も同様である。この力学は，以下の通りである。

　自らの世界構成のために，他者に対して「私のメッセージの意味は○○で，そのためにあなたは□□すべき」という期待が伝達される（s[em, es]）。受け手は送り手の構成を配慮（ケア）しつつ，受け手の構成規則に基づき，期待の構成を試みる（m[em, es]）。

第6章　本来的なケアのネットワーク化によるコミュニティ内の役割混乱の再構成　*145*

たとえば，次のような状況を考えてみよう。ある休日の朝，夫婦間で生じた出来事である。

夫は妻に「コーヒーを淹れてくれ」とスマートフォンを見ながら頼んだ。
しばらくして，妻は（無言で）コーヒーを夫の分だけ差し出した。

この出来事は，夫の行為（「コーヒーを淹れてくれ」と頼む）とそれへの妻の応答行為（コーヒーを夫の分だけ淹れて出す）というメッセージの交換過程そしてコーヒーとスマートフォン（もの）を要素とした特有の役割期待の構成法と伝達法が生じている。このやり取りを，表面的には伝統的な夫と妻の性別役割規範に従ったメッセージ内容と期待の交換過程と見なすこともできるであろう。しかしトランズアクション過程における相互の役割行為と期待に関する構成（〜すべき）の相互生成メカニズムは，以下のような複雑な生成の動きを示す。

夫は「コーヒーを淹れてくれ」というメッセージ伝達行為で，「妻は妻として，夫の要求を受け入れるべき（夫 1s[em]）」であり，「妻の淹れたコーヒーで，夫と一緒にコーヒーを飲むべき（夫 2s[es]）という期待を伝達したとしよう。それに対し妻は，夫のメッセージ内容の意味を，これまでの夫婦間でのトランズアクション群で構成された自らの意味構成規則に基づき，取捨選択的に，夫のメッセージは「コーヒーを淹れよ」という他者の自由度を奪うメッセージとして構成する（妻 3m[em]）かもしれない。そして，夫のメッセージ伝達行為への応答は，自由度を奪うという期待の構成を文脈に，コーヒーを淹れることのみ（妻 4m[es]）を期待されていると構成するかもしれない。そして次の局面では，妻は夫への行為（コーヒーを無言で差し出す）選択を試みる。妻がこの行為で夫に対して伝達した期待は，夫は妻への期待を修正すべき（5s[em]）で，コーヒーは自分で淹れるべき（6s[es]）が伝達されうるであろう。

以下，このやり取りにおいて生成された，夫と妻の期待の意味構成 m[em, es] と行為選択 s[em, es] に区分して列挙してみよう。

夫 1s[em]：夫の要求を受け入れるべき。

夫 2s[es]：妻の淹れたコーヒーを飲みながら，夫婦の対話をすべき。

妻 3m[em]：夫のメッセージは，上下関係に基づく私（妻）への自由度を
　　奪う命令（コーヒーを淹れる）である。

妻 4m[es]：夫の飲むコーヒーだけを淹れることを要求している。

妻 5s[em]：（夫の妻への）期待を修正すべきと理解せよ。

妻 6s[es]：コーヒーは自分で淹れるべき。

　上記のように，夫と妻のそれぞれの側で，トランズアクション過程の局面
ごとに相手からの伝達行為に対し，夫「として」あるいは妻「として」の各々
の期待を構成し，それらへの応答として期待を伝達する（期待の構成 [em]
と期待する反応 [es]）。ただし，このトランズアクション過程での期待の送
受信過程では，世界を生成させようとする意図は強いにもかかわらず，本来
的なケアの意味合いは弱い。それゆえこの夫婦のコミュニティ内では，他者
の世界生成を生かすことが自らを生かすことになるという，人の存在の本来
的なケア実践となる期待の送受信過程の生成が目指す変容となる。

　本書でのコミュニティは，トランズアクション群の束として定義されるた
め，この送受信者間の期待の差異の相互生成過程は，コミュニティを生成す
る最小単位の変容過程ということができる。つまり，局面ごとに生成される
期待の構成と伝達そしてその規則の生成過程は，コミュニティの生成メカニ
ズムとして説明できるのである。

　この定義を受け入れるならば，コミュニティの変容は，1つのトランズア
クション過程における他者の世界構成の可能性の実現に貢献する役割期待
（[em] と [es]）の相互生成メカニズムの活性化として説明できる。この夫妻
のやり取りで言えば，それぞれが一般化した社会的な役割期待に従う行動を
選択する過程で，問題解決に貢献しあう役割期待（ケアと言い換えることが
できるであろう）の生成力学が停止した状態と言える。この夫妻での役割期
待の差異の相互生成力学の活性化は，夫妻が他方の世界構成の可能性の実現

第6章　本来的なケアのネットワーク化によるコミュニティ内の役割混乱の再構成　　*147*

に貢献するメッセージの伝達，あるいは役割期待の構成を考案することであり（つまりケア実践が相互に生成するならば），それによりこの夫妻のトランズアクション過程の力学は，配慮的な力学へと差異化し始めるであろう。それは，この夫妻のサブシステムとトランズアクション過程のネットワークを生成する，コミュニティ全体の変容に連動する。

3．役割期待の差異化の技法とコミュニティ生成

(1) 役割期待の差異化とコミュニティの生成力学

　メッセージの還流過程では，送り手の構成と受け手への送信の特性，そして受け手の構成と送り手への送信の特性の差異が展開する。そして送り手と受け手の行為の連鎖を作り出す力となる期待についても，同様に差異化が可能である。ここでは役割期待の差異化過程を，もの軸と人軸の循環的生成過程として論じてみたい。

　支援に際してクライアントおよびクライアントに関与する他者は，相互の行為の記述が求められる。そして，そこではものの記述も求められる。さらに，クライアントが自らの行動を持続させるための前提条件としている，他者の行為への役割期待の意味構成と行為の要素（$m[em, es]$）の記述（同じく自らの行為選択に随伴させている期待の意味構成と行為選択の記述（$s[em, es]$））が求められる。そしてクライアントと他者の行為の連結を作り出す役割期待の要素を顕在化させ，さらにそこでのものへの「〜として」の構成の記述を求めることで，トランズアクション過程における差異化の力学を，人軸あるいはもの軸から生成することが可能となる。この一方の差異化の力学の生成を文脈に他方の差異化の力学を活性化させ，かつその意味構成の活性化を，対人間で生じる水平的フィードバック・ループの差異化と連動させていく。この水平的フィードバック・ループにおける行為 s の差異化は，各主体が構成する垂直的フィードバック・ループの差異化，つまり行為への意味構成 m の差異を作り出す文脈として機能する。逆に，各主体の垂直的フィードバック・ループにおける行為への意味構成の差異化は，対人間の水平的フィードバック・ループでの行為の差異化を引き起こす文脈として機能する。この一方のループにおける差異化の力学が，他方のループの差異

化の力学へと連結する差異の相互循環過程は，双方のフィードバック・ループの差異生成力を活性化し，それが双方の行為全体sの差異化へと波及することによって，新たな社会的役割遂行とそこでの役割生成を可能にするであろう。これは，クライアントのコミュニティ全体の生成力学の変容過程となる。

　それゆえクライアントの訴える問題場面は，システム構成員たちが，問題解決を望むにもかかわらず，システム内（コミュニティ）の垂直及び水平のフィードバック・ループにおいて，役割期待の伝達行為と意味構成に関する差異の生成力学が衰退した状態と見なされる。そこでは，ケア論で説明するならば，個々の構成員の新たな世界構成の可能性を実現する差異化の力が衰退し，システム全体は，情報理論の用語を用いるならば，ネガティブ・フィードバック・ループが支配的になっている。その過程において，潜在的には作動している差異化の力学を，支援者の差異化の技法を用いて活性化（復元）することで，新しいコミュニティの生成力学が顕在化する。これが役割期待の差異化に基づくコミュニティの問題解決の戦略である。

(2) 期待の差異化の技法と類型化

　本書での期待の差異化を試みる技法は，トムの循環的質問法（Tomm 1985）を改編した新しい循環的質問法である（第2章，第3章参照）。新しい循環的質問法は，クライアントの訴えの記述を促し，システム構成員間の期待遂行と，そこでの期待の理解法を顕在化させ，その差異化を試みるという変容手順に準じ選択される。

　支援者が用いる質問技法は，差異化を強く意図したメッセージ伝達行為である。そしてそれは単一の差異化の意図を伝達する行為ではなく，複数の差異化の意図を伝達しうるメッセージであり，クライアントによっても多様に構成されうるメッセージであることを前提にしなければならない。それゆえ，支援者が用いる技法を類型化する場合，伝達されうる複数の差異化の意図を示す必要がある（類型の記号は，第3章の表1〜表4を参照のこと）。

　まず，クライアントの訴えの記述を励ます段階では，たとえば，時間的差異の質問（TD）を用い，特定の過去に起こったことを面接の場面で再現し

第6章　本来的なケアのネットワーク化によるコミュニティ内の役割混乱の再構成　*149*

てもらい，具体的な問題場面を確定する。次に具体的な，クライアントが問題とする場面の構成要素の記述を促す段階では，トラッキングを試みる。たとえば，二者間の行為の結果の記述を促す時間的文脈の質問（TCa）を用い，クライアントによって記述された行為を文脈として，意味構成の記述を求めるカテゴリーの文脈の質問であるCCa2や，記述された意味を文脈として行為の記述を求める，カテゴリーの文脈の質問であるCCa1を連続的に用い，シークエンスの要素を文脈依存的に記述していく。さらにシークエンスの要素群の期待の構成要素の記述は，同様の技法を用いるが，eTCa，eCCa1，eCCa2などのように，各類型の頭に [e] の記号が付される。

　これらの技法群を用いて問題場面の構成要素が，クライアントによって時系列で構成されたのち，それらの要素のリフレクションが試みられる。このリフレクション段階での技法選択法は多様化する。人軸でももの軸でも差異を明確化する目的で，時間的差異の質問（TD）やカテゴリーの差異の質問（CD）が選択される。時間的文脈の質問（TC）やカテゴリーの文脈の質問（CC）は，各主体の文脈の差異化を意図するときに使用される。

　またトラッキング過程において，対人的世界についての行為の記述を促す質問と，対ものの世界（ioとbi）でのものへの行為の記述を促す質問は区分される。それは，どちらにより強く焦点を当てた質問であるかによって分類される。なぜなら，どちらに焦点化するかによって，その後の差異化の戦略が異なるからである。ものの世界については，そのものの「〜として」の構成要素の記述と差異化が促されることで，ものへの行為の差異化を文脈とした対人的世界での期待の再構成が促される。たとえば，対立的な二者間において，和解のためには特有の物材が必要であろう。深夜寒々とした部屋（Caring about）で，和解の言葉を熱心に伝えても（Caring for），その部屋への意味構成が否定的であれば，和解の言葉は和解として機能しないであろう。しかし謝る側は，深夜寒々とした場所を選ぶことで，「こんなに真剣である」と受け手に理解してほしいという期待の伝達を試みているかもしれない。ここで，クライアントなりの物理的環境への意味構成の記述を，クライアントに促すならば，寒々とした部屋というものについての差異的構成が生じるかもしれない。このもの軸での差異化の力学は，クライアントと他者と

の水平的フィードバック・ループにおいて，対人的世界での行為選択の期待の差異生成を可能とする。このような対人的世界ともの的世界での差異の相互の変容力学の生成は，質問法を対人的世界ともの的世界の差異化の構成軸で区分することで，その力動的な差異化過程をより詳細な力学として説明することができる。

(3) 効果測定法

　本章では，オリジナルな3次元グラフを用いた効果測定法の実際が，対人間で特有の行為連鎖を引き出す文脈的な力となる役割期待の相互生成力学の変容として示される。この測定は，第4章で論じたように客観的な効果の測定ではない。あくまでも，クライアントと関係者との間で構成された，期待の構成法と行為の選択法の生成力学の差異を示しているにすぎない。なお，他者の世界構成の可能性を実現する期待の生成力学は，D領域の要素がミニマムで，A, B, C, D領域（第4章表1参照）の要素群が有機的に結びつく力学である。反対に，要素群の生成力学がD領域優位で展開する場合，差異化の力を有する本来的なケア実践の相互生成力は衰退していると見なされる。

II．役割期待の差異化と
コミュニティ・ネットワークの生成の実際

1．事例の概要[3]

　クライアントは，精神科受診をしている30代の妻Kである。Kは，内科受診をしている60代の夫（K夫）と，40代のK夫の親族B（女性）との3人暮らしである。Kは精神障害者福祉サービス（ホームヘルプ・サービスと訪問看護サービス）を継続的に利用して在宅生活をしていた。Kは在宅生活支援の各専門家に，心身の症状の訴えを含め，Kと家族構成員との間の言い争いに関する訴えを繰り返し，その頻度は日ごとに増大してきていた。また家族構成員間の言い争いの激しさも増し，物が壊れる音や叫び声が近所に頻

繁に響くため，近所の人との関係性は疎遠になっていた。このように，Kの
コミュニティにおいては，専門的なサービス提供者との関係性も含め，各サ
ブシステムにおいて対立的なパターンが増強するネットワークが生じてい
た。言い換えれば，Kのコミュニティにおいては，K（とその家族構成員も）
が問題（疾患）を有する人として，固定的な社会的役割が構成される循環過
程が優勢となっていた。

　K（とその家族構成員）が問題を有する人（家族）として固定化される力
学を変容する支援活動は，KとK夫の二者間での役割期待の伝達行為とそ
れへの期待構成の差異化過程として試みられた。この支援活動は，ホームヘ
ルパーと訪問看護師が中心となった多職種チームで行われ，K（とその家族
構成員）に関与する複数の専門家（訪問看護師，ヘルパーおよび地域包括セ
ンターのスタッフ）とは毎月合同カンファレンスを開き，支援の経過と次の
支援方針を共有した。このような集中的な支援は，11か月間行われた。筆
者は，この多職種チームが集中的な支援を行う期間，スーパーバイザーとし
て関わった。

2．コミュニティ全体における固定的な役割期待の悪循環パターン：
　　評定の大枠

　介入前のKのコミュニティにおいて，Kが問題（疾患）を有する人とし
ての社会的役割が固定化する力学に関するパターンは，以下のように評定さ
れた。

(1) KとK夫の夫婦サブシステムにおける対立増大メカニズム

　Kは，内科疾患を持つK夫に対し，妻「として」夫の好みの料理を，カ
ロリーを計算して作る工夫を試みていた。しかしこのKの役割行為に対す
るK夫の応答は，Kの期待する応答とは異なるものであった。Kは，K夫
の応答の変容を求めたが，K夫は，Kの期待する応答を選択することはな
かった。KがK夫の行為の変容を意図して行った解決者としての行為は，K
夫の新しい世界構成の可能性の実現につながるケア実践にならず，偽解決過
程となっていた。

たとえばKは，心身の症状を訴えることで専門家の各種サービスを受け，専門家に事態の深刻さを表現することで，K夫からの支援的行為が選択されることを期待した。しかしこのKの行為によっても，K夫からの新しい役割行動は引き出せなかった。ここでのKの期待の伝達行動は，K夫の新しい世界構成の可能性の実現への配慮が弱い。それゆえ新たなK夫の世界構成の実践が実現することはなかった。

(2) K−K夫−Bの三者間システムでの対立増大メカニズム

K−K夫−Bの三者間では，Kの心身の不調の訴えは，K自身の安静を保てるようなK夫やBからのKへの配慮ある行動を期待して伝達されたが，その行動がかえって，K夫とBの間で「家事分担」をめぐる言い争いを増大させていた。一方K夫からすれば，Kの心身を心配するがゆえ，家事をこなす役割行為を遂行しようとBへの指示命令を強め，それがK夫とBの言い争いの発生につながっていた。このように三者間においても，Kの役割期待の構成と伝達は，K夫の行為やBの行為の変容とは結びつかず，悪循環過程となっていた。

(3) K−K夫−Bの三者間サブシステムと専門家サブシステムにおける
　　対立増大メカニズム

K−K夫−Bの三者間で言い争いが止まらなくなると，Kは専門家にその解決を委ねた。そこでは専門職が，Kに代わってK夫とBの言い争いを仲裁した。この専門職の介入は，Kが問題解決力を有していないと自己を否定的に構成する出来事となり，Kの無力であるという自己定義の構成力を増大させた。

さらにKの否定的な自己定義の構成力は，Kの心身の症状への有効な医学的な対処法の欠如によっても強化された。それは，心身の問題の検査をしても医学的問題はなく，服薬によっても症状の改善が見られないため，Kの無力な自己定義の構成力は増大したのである。

第6章 本来的なケアのネットワーク化によるコミュニティ内の役割混乱の再構成　153

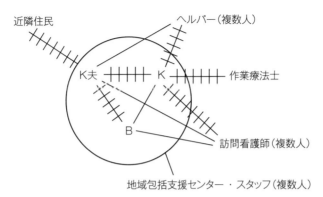

図1　Kと家族構成員と専門家のコミュニティ・システム

(4) K－K夫－Bの三者間サブシステムと近隣住民サブシステム間の対立増大メカニズム

　K－K夫－B間の三者間の言い争いは頻繁に起こり，物が壊れる音や，K，K夫，Bが相互に大声で怒鳴ったり泣き叫んだりするほどに激昂することが多く，それらの物理的な環境変化は，近隣住民から問題の家族「として」恐怖的に構成され，接触が回避される行動がとられた。それゆえ三者間の対立の解決に機能するような，近隣住民との直接的なトランズアクション過程は生じなかった。むろんKや他の家族構成員の方から，近隣住民に対して新たな関係性を結ぶための試みはなく，近隣住民と三者間の相互の回避的な関係性は持続した。ここでも，相互に現状を持続させる実践が繰り返されていた。

　上記のクライアントKが語った，Kの属するコミュニティの関係性の特性は，図1のようにエコマップと呼ばれる作図法を用いて概略的に表現することができるであろう[4]。

(5) (1)－(4)のサブシステム間で持続される対立増大メカニズム

　Kのコミュニティ全体における，問題増幅過程について評定してみたい。

a) Kは体調不良を訴えベッドで休んでいる（Kを静かに休ませるための夫としての行為選択をK夫に求める期待の伝達行為（非言語））。

→K夫とBが言い争いを始める。

b) Kは，口論を止めてほしいと言語的に要求する（K夫とBに対し，直接的にKを気遣う行為選択の伝達）。

→K夫はBを怒鳴り，Bが泣き出し，言い争いが激化する。

c) Kは専門家に連絡し援助を要求する（Kを助ける行動の選択を他者に求める期待の伝達行為）。

→専門家の介入でK夫とBの言い争いは休止する。

この過程でのKの役割期待の伝達行為は，K自身への配慮を他者に求める自己中心的な期待の伝達が中心で，他者の世界構成の可能性の実現に向かう役割期待は皆無に等しかった。つまりKのコミュニティにおいては，差異の生成力を削がれたトランズアクション過程になっていた。

3．介入計画

　本事例においては，このような関係者相互間での非本来性のケア実践が持続する力学の変容，つまり関係者相互間で，他者の世界構成の可能性の実現への貢献度をあげていくラディカルな介入が必要と考えられた。そこでKとK夫間での根源的な役割期待の伝達および構成の差異化，言い換えれば，自己への援助を求める期待から，双方が他者の世界構成の可能性の実現へ貢献する期待の相互生成過程としてコミュニティの再組織化が試みられた。

　まず，専門職種間とKの間で，Kの行為群の背後に存する解決力を有する役割期待の伝達行為を浮上させる支援が試みられた。つまり専門家は，KのK夫に対する否定的な発言の背後に，妻「として」の役割期待を読み込んだ。なぜなら，繰り返されるKの期待伝達行為は，K夫からの強い支援行動の要求として顕在化しているが，その背後にK夫の身体への配慮や，それを伝達する行為を包含していたからである。このようにKが伝達する役割期待が肯定的に読み替えられた。それはKとK夫の間での期待の伝達および構成の差異化の文脈づくりとなった。

第6章　本来的なケアのネットワーク化によるコミュニティ内の役割混乱の再構成　　*155*

それを文脈として，Kの行為に伴う期待伝達とK夫のそれへの構成の差異化を通して，KとK夫の関係性を変容することに取り組んだ。そしてこの夫婦サブシステムの変容を文脈として，Kのコミュニティにおける他のサブシステム群での対立増大メカニズムの変容を目指すことにした。

そして専門家の役割行動も，Kに代わってKとK夫とBの問題解決を試みるのではなく，K自身が問題解決者になる過程づくりに寄与する，つまりKが新しい「～として」の役割行動を生成することに貢献するケア実践へと変化させた。

ここで目指されるKの役割期待の伝達行為の差異化は，自己中心的な他者への要求の実現を意味しない。他者であるK夫に対し，K夫の世界構成の可能性へ，Kが配慮を試みていることを（本来性へ向かうケア）顕在化させることである。このKの本来性へ向かうケア実践に対し，K夫は新たなケア実践の浮上を試みることになる。そうして相互に新たなケア実践が生成するならば，KとK夫間で生成されるKの世界構成法とK夫の世界構成法は，ラディカルに変容されるであろう。そしてそれはK，K夫，Bとの三者間の関係性の変容を実現する新しい「～として」の役割生成になる。その過程で，Kのコミュニティ全体の機能回復が実現する。

以下では，Kの役割期待の伝達行為の記述と，KとK夫のトランズアクション過程におけるK夫のKの行為への期待の構成法の差異化過程を示し，そこでの技法使用法について述べてみたい。

4．問題場面での期待の相互生成力学の評定

Kは，ある日 T_1（主任ヘルパー）に対し，K夫とBの言い争いのエピソードについて訴えた。そのエピソードは，K夫が「コーヒーを淹れてくれ」とBに頼んだメッセージから始まっていた。以下，面接者（T_1）とKの間で，K夫の「コーヒーを淹れてくれ」というメッセージに対するKの記述を促した過程の逐語データから，Kの期待の構成要素の生成力学を評定する。

まず，Kに対し訴えの記述を促し，言い争いの場面での行為連鎖とそれらの期待の構成要素を明確化することを試みた。この過程で使用した支援者の質問技法の類型化は，彼／彼女がいかなる目的でそれを使用しているのかと

いう原則で試みられた。

K1：T_1さん，昨日大変だったよ！「Bが淹れたコーヒーが濃い」ってK夫がBを怒って……（K夫とBの喧嘩が生じ，それに対処することが大変だった話をされる）[5]

T_1-1：（Kに対し，K夫とBの喧嘩を止めるためにKが試みたいくつかの対処法を記述することを促した後）Kさんが今回色々と2人のケンカを収めようと工夫してみた中で，効果があるやり方ってあった？（eOSDa／eCCa2）

K2：わからん……でもね，私からしてみれば，「コーヒーを淹れてくれ」ってなんでBに頼むのか？って話でしょ

KはK1で問題場面（K夫がBに「コーヒーを淹れてくれ」と伝達した場面）を取り上げ，K夫とBの行為を記述した。次にT_1は，K夫やBに対してKが伝達した期待の行為群の記述を促し，Kの対処行動群のうち，K夫とBの行為の停止に効果的であった行為群の順位を決めるよう促した。それゆえこの質問は，eOSDaである（T_1-1）。このT_1-1の副分類は，Kが効果があったと思う自らの行為を文脈にした，K夫やBの応答への期待の差異的構成の記述を促すため，eCCa2であった。

Kはそれに対し，自ら選択した行為の順序付けは行わず，K夫の行為へのKへの役割期待が欠如していることを語った（K2）。このK夫の行為へのKの期待の構成法は，Kの本来性のケア実践としての期待の伝達力を衰退させていた。

T_1-2：それはどういうこと？（eCCa2／eOSDa）

K3：私は「コーヒーを淹れない」とは1回も言ってないのよ。頼むのならまず私に頼めって思うのよ（K夫の行為に対するKの期待の構成 m[em]）

そこでT_1はT_1-2で，Kの期待の構成法を顕在化させるために，K夫の

「コーヒーを淹れてくれ」というメッセージに対するKの期待構成 m[em] の記述を促した（eCCa2）。それは副次的には，K夫に対してKが選択可能な期待の伝達行為群の記述を明確化することを意図していた（eOSDa）。それに対しKはK3で，「コーヒーを淹れてくれ」というメッセージは，妻であるKに向けて伝達されるべきであり，そうすればKは妻「として」の新たな役割行動が選択できることを述べた。つまりKはK夫から「コーヒーを淹れてくれ」と言われたら，K夫がKを妻として理解してくれている m[em] と構成でき，さらにコーヒーを淹れることを求められている m[es] と期待行為[6] を構成することが可能になることを記述した。このKの期待構成法におけるもの（コーヒー）は，K夫の世界構成の可能性の実現に向けたKの本来的なケアとしての期待の構成が含まれていた。なぜなら，Kが淹れるコーヒーは，Kにしか淹れることができない，K夫にとってちょうど良い濃さと甘さのコーヒーだからである。

　そこで，このKの期待の構成法が実現した場合，K夫とBの言い争いの解決にどの程度貢献するかの記述を T_1 はKに促した（T_1-3）。この質問の主分類は eOSDa であった。それは副次的には，問題解決への貢献度を文脈に，KがK夫に対し新しい期待の伝達行為の記述を促すことを意図していた（eCCa1）。

　T_1-3：K夫が，Bさんではなく，妻であるKさんに頼んでいれば，今回の
　　　　K夫とBの言い争いは起こらなかったということ？（eOSDa／eCCa1）
　K4：それはそうじゃろ，私は何なんか？って話でしょ！

　それに対しKはK4で，K夫への期待の伝達行為を具体化することはできなかったが，K夫の頼む行動がKが妻となることに有用であることを再記述した。しかしここで記述されたKの期待の構成法は，実際のトランズアクション過程では，K夫の世界構成の可能性を実現するケア実践としては浮上していなかった。

5. 介入の手順

　今回Kが取り上げた問題場面で，Kの期待の構成法が，KとK夫のトランズアクション過程で作動するならば，双方の期待の構成法と伝達法の変容に貢献することが考えられた。そこで，以下の手順で介入が試みられた。

　①　KとK夫の相互の役割期待行為の機能不全場面の記述

　まず問題のシンプルな解決法を産出するために，K夫とKのトランズアクション過程において，Kが妻「として」の行為遂行とそれに伴う期待を最も強く主体的に試みようとしている，手料理を作って出す場面の行為連鎖の記述が促された。この場面の記述は，表層的にはK夫への配慮に欠ける強制力を有するKの期待の伝達行為と期待の構成の記述であったが，その作業過程では，KのK夫への妻「として」の役割期待の伝達行為，K夫のそれへの意味構成，それに続くK夫のKへの夫「として」の期待の伝達行為，そしてKのそれへの意味構成という循環的力学の顕在化が図られた。

　②　上記①での問題増幅過程の期待の構成要素の差異化

　目指されるのは，夫婦間での期待の伝達行為と期待の意味構成を変数とする，問題増幅力学の差異化であった。表層的には問題増幅力学の作用因と見なされる期待の変数群は，深層的には異質な問題解決力を有している。それゆえこの記述をリフレクトすることでそれらの力を浮上させ，問題の生成力学を差異化することが可能になる。この段階では，Kが新たな役割期待をK夫に伝達し，K夫の期待の構成法を差異化するという方法が選択された。

　③　新たな役割期待の伝達行動の実践とその効果のリフレクション

　KとK夫間で差異化された期待の伝達行為の実行の結果，生起したK夫のKの行為への期待の構成法や期待伝達法のリフレクションを促し，その効果の確認が試みられた。

　④　KとK夫のコミュニティの変容

　KとK夫間で生じた役割期待の要素の新たな相互生成力学は，家族外の構成員とのトランズアクション過程の変容の文脈となり，KとK夫のケア実践の相互生成力が持続する新しいコミュニティ・ネットワークの生成が試みられた。

6. 介入過程

　Kは家事支援でヘルパー制度を利用していたが，料理を作る過程のすべてをヘルパーに任せることはなく，食材選びやその調理法について，K夫の好みを考慮してヘルパーに適切な情報を提供することは怠らなかった。またKはヘルパーに対して，食事（io）へのKの行為は，K夫の健康状態の改善を目指した行為であることをたびたび言語化して説明した（K夫に対しては明確に表現されていない）。これらのKの行為群は，一見すると他者に依存的な行為様式とみなされるが，その背後にKの自律的なK夫への支援の実践が存することが推測された。そこで，KとK夫の新たな「～として」の役割規則の生成を意図して，Kが手料理を作って出す食事場面で，Kの役割期待の伝達法とK夫の期待の構成法とその伝達法の差異化を試みることになった。

　以下の逐語で示されている略記号は，T_1＝主任ヘルパーとT_2＝主任看護師を示し，彼らは多職種チームのメンバーで，Kへのサービス担当者であった。KとK夫に対する面接は，T_1との間では，ホームヘルプ・サービス提供時，T_2との間では，訪問看護サービス提供時に行われた。T_1とT_2は，上記の評定と介入計画を共有し，かつ継続的な合同カンファレンスに参加しつつ，以下で示すように，KとK夫との期待の構成要素の差異化を協働で試みた。以下の (1)～(3) の介入過程は，(1)と(2) をT_1が，(3) をT_2が担当した。

(1) KとK夫の役割期待の構成要素の記述とリフレクション過程（T_1-
　　K-K夫の三者間）
　以下はT_1が，KとK夫の病院受診のための移動介護サービスを行っている間に試みた面接過程の逐語の一部である。

　K1：この前T_2さんが，「K夫が『ありがとう』を言うから，頑張って料
　　　理してみてよ」って言うから頑張って作ったけど，ダメ！（『ありがと
　　　う』って）言わんかった（訴え：問題場面の特定）

T₁-1：え～（K夫さんは「ありがとう」を）言わなかったの？（K夫に向けて）K夫さん，KさんはK夫さんの「ありがとう」を聞きたくて頑張ってご飯作ったのに「ありがとう」が聞けなくて残念だったってよ（eCDc／eCCa1）

KはK1で，T₂の助言を受けて，手料理をK夫に出した食事場面で，K夫の行為にはKへの期待が欠如していると訴えた。それに対しT₁は介入方針に基づき，Kの手料理はK夫の身体（bi）の改善の実現が目指された行為であることを文脈にして，T₁-1でK夫に，Kの手料理へのK夫の期待の構成の記述を促した。それゆえ，この質問の主分類は，T₁-1の記述を文脈にK夫がKの行為への期待の構成を差異的に記述することを促すeCDcであった。さらにこの質問は，Kの「手料理を出す行為」に対して構成した期待を文脈にして，選択可能なK夫の行為（m[es]）の記述も意図されていたので，副分類はeCCa1であった。

K夫1：う～ん，（「ありがとう」とは）言わん。言っても意味がない

これは，Kのメッセージ伝達行為s（手料理（io）とそれを出す行為）に対する，K夫の期待の構成の硬直化の記述である。そしてここでのK夫の行為選択は，Kの世界構成の可能性を実現するケア実践の生成力は弱かった。

そこでK夫1の記述に対し，T₁はT₁-2でKが手料理を出す行為に対してK夫が構成した期待（m[em]）の記述を意図していたので，主分類はeCCa2であった。そして，そこでK夫がKに対し伝達した期待の記述が副次的には意図されていたので，副分類はeCCa1であった。

T₁-2：（言っても意味がないとは）どういうこと？（eCCa2／eCCa1）
K夫2：前妻にはたくさん言ったけど，全く返事がなかった。だから言っても仕方がない

第6章　本来的なケアのネットワーク化によるコミュニティ内の役割混乱の再構成　　*161*

　K夫はK夫2で，Kの手料理を差し出す行為sに対し，既存の習慣化した規則（前妻との間で夫「として」生成した役割規則）に従って，期待を構成していることを記述した（もしかするとK夫は，食事場面でのKの行動に対し，否定的感情を有していたかもしれない。それをK夫は，直接的に否定的感情を表出することを避け，前妻云々と構成したと表現したのかもしれないが，具体的には語られてはいない）。つまりK夫は，Kが妻として工夫した手料理を出す行為に対し，前妻との関係性を文脈に，応答を求められているメッセージと理解しなくてよいm[em]，それゆえ「黙って食べるべき」m[es] として期待を構成していることを記述したのである。

　そこでT_1は，対人的世界でK夫の行為に対するKの期待の構成を記述させ，そこでのものへの意味構成の差異化を試み，その差異を文脈として対人的世界でのK夫の期待の伝達行為の差異化を試みることにした。

　T_1-3は，K夫の行為へのKの期待の記述を促しているので，主分類はeCCa2である。この質問は，Kの期待の構成を文脈としたK夫への期待の伝達行為の記述を副次的に問うている（eCCa1）。

　T_1-3：Kさん，K夫さんはそう言っているけど，K夫さんから「ありがとう」がなくてどう感じた？（eCCa2／eCCa1）
　K2：自分Kは寒いから温かいものが（K夫の）体に良いと思って豚汁を作ったのに（もの軸での意味構成を文脈としたK夫への期待の伝達s[em]），何も言ってくれなかったら，わかってもらえてないと思うし（K夫の行為へのKの期待の構成m[em]），それなら，もういい，勝手にしろと思うし，もう作らないと思う（K夫の行為へのKの期待の構成m[es]）。

　KはK2で，夫の身体（bi）や天候（io）を考慮して料理（io）を作っていること，そしてそれを作る自分自身を妻として理解してもらいたいという期待の構成（m[em]）と，理解してもらえないならば「もう作らない」というK夫への期待の伝達行為を記述した。

　さらにT_1は，K夫の新しい行為選択の実現可能性へ向かうKの期待の伝

第Ⅱ部 実践編

達行為の記述を求めた（T_1-4）。これは，「ありがとう」を言わない場合と言う場合で，KがK夫の行為に対して構成する期待に差異が生じることを明確化することを強く意図したeCDcの質問であった。この質問の副分類は，Kの新しい期待構成 m[em] に基づく，Kの新しい期待の伝達行為の記述を求めているので，eCCa1 であった。

T_1-4：仮に「ありがとう」って言われたらどう感じる？（eCDc/eCCa1）[7]
　K3：こちらの気持ちがわかってもらえて嬉しいし（m[em]），頑張ってま
　　　た作ろう m[es] と思うよ！（K夫の行為へのKの役割期待の構成の差
　　　異的記述）

　KはK3で，K夫がKに向けて「ありがとう」という行為を選択した場合，Kはその行為に対し，手料理（io）への感謝が示され，妻「として」理解されたと認識できること（m[em]），今後も手料理を作るべき（m[es]）として期待を構成できることを記述した。このKの記述は，K夫の「ありがとう」というメッセージが，Kが新たな世界構成の可能性への実現に向かうためのケア実践になる可能性の記述であった。

　そこで，このKの記述を文脈に，今度はK夫に対し，Kの手料理を出す行為への期待の構成の差異化が試みられた。T_1のT_1-5の質問は，食事場面（過去）で構成したKの行為へのK夫の期待と，今この場面でのKの期待構成の記述を聞いて構成されるKの行為へのK夫の期待との差異（現在）の記述を促しているので，主分類は eTDb である。そしてこの質問は，手料理を出すKの行為に対して，K夫の新しい期待の伝達行為の記述を意図していたので，副分類は eCCa1 である。

T_1-5：K夫さん，今のKさんの言葉を聞いてどう思った？（eTDb／
　　　　eCCa1）
　K夫3：う〜ん，なかなか言えないな〜（K夫による，Kの行為への期待
　　　　の構成や自らの行為選択の決定不全性）

第6章　本来的なケアのネットワーク化によるコミュニティ内の役割混乱の再構成　　*163*

　　K夫はK夫3で，いまだ古い構成文脈を保持し，Kの行為に対するK夫の新たな期待の構成法と行為選択法の実行の困難さを表出した。そこで，T_1はT$_1$-6で，もの軸での差異化を意図した質問を試みた。つまりKが手料理を考える際の物理的な諸条件をKの記述を用いて列挙した上で，それを文脈にKの手料理への差異的構成の記述を促した。それゆえこの質問は，CDcが主分類であった。そして，もの軸での差異生成を文脈に，そこでのKの言語行為に対するK夫の期待の伝達行為の差異化を促しているため，副分類はeCCa1である。

　　T$_1$-6：Kさんがさっき言っていたけど，Kさんは寒いから温かい豚汁を作ろうと，いつもK夫さんの身体のことを考えて，料理を作っているのだと思うけど，K夫はそんなKさんの作った料理をどう思う？（CDc／eCCa1）
　　K夫4：この間は寒かったから豚汁ありがたかった（Kさん笑顔になる）

　　もの軸へ差異化の軸を移すことでK夫はKの作った料理への意味づけを差異化した（K夫4）。これを文脈に，K夫の新しい期待の伝達行為の浮上が試みられた。

　　T$_1$-7：その時，その言葉が言えていたらね……（eTDb／eCCa1）

　　このT$_1$-7の主分類は，「ありがたかった」が言えた現在と過去の時間軸で，K夫の行為選択をリフレクションすることが意図されていたので，eTDbである。そして副分類としては，実際の場面で，K夫が選択できるであろうKへの期待の伝達行為の記述（eCCa1）が意図されていた。

　　上記の（1）の過程で使用された，T_1の主分類の技法選択法についてまとめてみよう。T_1－K－K夫の三者間のやり取りを通して，Kが手料理を出す行為でK夫に向けて伝達する期待と，K夫がKの行為に対して構成する期待の差異の浮上のために以下の技法群が選択された。

164　　　　　　　　　　第Ⅱ部　実践編

T_1-1〜T_1-4 においては，K に対してカテゴリーの差異の質問（eCDc）から文脈の質問（eCCa2）の連続的使用，そしてカテゴリーの差異の質問（eCDc）を再度選択するという方法が取られ，K が手料理を出す行為で伝達する期待が記述された。

T_1-5〜T_1-7 においては，K の行為（ものを含む）に対する，K 夫の期待の構成の記述とリフレクションを促す過程で，時間的差異の質問（eTDb）からカテゴリーの差異の質問（CDc）を選択し，さらに時間的差異の質問（eTDb）が選択された。この過程で K 夫は，K の行為への差異化された期待の構成とそれを文脈にした新しい行為選択（「おいしかった」などの応答）の可能性を浮上させた。

(2) 実践プランの具体化（T_1-K）

T_1 の介護サービスの提供時間内では，K と K 夫の新しい具体的な行為選択は浮上しなかった。しかしその日の午後 K は，K の新しい期待伝達の実践計画について T_1 に相談の連絡をしてきた。

K1：今日，K 夫が「ありがとう」を言ってくれることを信じて，晩御飯を自分で作ってみようと思う

T_1-1：え？（今日の通院介助が終わってから）何があったの？（eTDb／eCCa1）

K2：今日 3 人で話したでしょ。K 夫が忘れないうちに試してみないとと思って（K の K 夫の新しい期待の伝達行為の浮上）

T_1-2：試したらどうなると思う？（eCCa1／eCCa2）

K3：今日ならあれだけ話したから言ってくれそう。ダメだったらまた話聞いてね

T_1-3：何か（私 T_1 に）できることがあるかね？（eTDd／eCDd）

K4：だったらお願いがある。夕方 K 夫が事務所へ行くから，T_1 さんから K 夫に今朝の話をもう 1 回して。その間にご飯作るから

K は K1 で，K 夫の新しい行為選択の実現可能性を考慮した，K の差異化

第6章　本来的なケアのネットワーク化によるコミュニティ内の役割混乱の再構成　*165*

された期待の伝達法の実行計画を説明した。それに対してT_1は，Kの新しいK夫への期待の伝達行為の生成文脈を強めるために，T_1-1でサービス終了時（過去）から現在までで，何が実行の力となったのかを尋ねた（主分類eTDb）。そこでは，KがK夫に対して伝達する新しい期待の伝達行為の記述が副次的には意図されていた（eCCa1）。

KはT_1に対し，通院介助サービス中に3人で話したことが，K夫の新しい世界構成の可能性に関心を向ける文脈となったことを記述した（K2）。ここではK夫の行為選択の差異化の可能性への関心が強く含まれていた。そこでT_1はT_1-2で，KがK夫に向けて選択する新しい期待の伝達行為の選択力を向上させるために，Kが新しい期待の伝達行為を実行した時，K夫が応答する可能性のある行為の記述を求めた。この質問の主分類は，eCCa1であった。そして，K夫の行為選択に対し，Kがどのような期待構成をするのかの記述が副次的には意図されていたため，副分類をeCCa2とした。

KはK3で，K夫が新しい行為選択を実行できる可能性への期待を語った。そしてKは，今回K夫の新しい行為選択が浮上しなかったとしても再挑戦する，つまりK夫の世界構成の可能性の実現に関与し続けることを語ることができた。さらにそれは，T_1に対し，ワン・ダウン・ポジションからその協力を依頼するという，問題解決者としての言語行為も浮上したと言える。

それに対しT_1はT_1-3で，質問の時間軸を現在から未来に移して，Kの差異化した期待の伝達行為の実行可能性の強化に寄与する支援者の行為の提案を促した。この質問は，eTDdを主分類とする質問と言える。副分類は，K夫のKの行為への期待の構成の差異化に貢献するT_1が実行可能な具体的な行為についての記述であるため，eCDdとした。KはT_1に対しK4で，具体的な行動を提案しその協力を求めた。

このKの実行計画の記述過程では，KはT_1への新しい期待の伝達法を遂行し始めた。それはKが，問題解決過程において，これまでのような他者に対して上位のポジションからの関係性にこだわり，対立を増幅させていた方法とは異なり，他者との関係において意図的に下位のポジションに立ち，他者の問題解決力を増大させるケア実践が作動し始めたと考えられた。つま

り T_1 の T_1-3 の質問も，K が手料理を作って出す行為を後押しするケアとして，さらには K の実践が K 夫の新しい世界構成の実現可能性へ向かうケアになる文脈が浮上し始めた。そしてこの計画は，計画通り実行された。

この（2）の段階で K に対し用いた T_1 の主分類の技法は，時間的差異の質問（eTDb）→カテゴリーの文脈の質問（eCCa1）→時間的差異の質問（eTDd）の連続的使用法であった。この技法の選択過程で，K は K 夫の新たな世界構成の可能性の実現に向けた，K 自身の新しい期待の伝達行為の生成力を一層強められた。

（3）実践の振り返りと期待の相互生成過程（T_2-K-K 夫）
　上記の K が計画した実践に対しては，T_2（主任訪問看護師）によるサービス提供時に記述とリフレクションが試みられた。K はその日夕食を作れたこと，そして K 夫が言語的メッセージを伝達してくれたことを事前に電話で連絡してきていた。そこで T_2 は，K 夫の実行力をコンプリメントするところから面接を開始した。

　T_2-1：K 夫さんは，「なかなか『おいしい』って言えない」と以前から言っ
　　　　ていたのに，今回言うことができたのは，何があったの？（eTDa／
　　　　eCCa2）
　K 夫 1：（料理が）おいしいから，「おいしい」って言っただけ

　T_2 は T_2-1 で，K が報告してきた K 夫の新しい行為選択が実行されたことを取り上げ，その行為の選択力の浮上に寄与した，K の言語行為への K 夫の期待構成の差異についての記述を促した。それは，時間的差異を軸にこれまでの K 夫の K の行為に対する期待の構成と今回の場面での期待の構成の差異を尋ねているので，主分類は eTDa であった。そしてこの質問は K の行為への K 夫の期待の構成の具体的な記述も意図していたので，副分類は eCCa2 であった。K 夫は K 夫 1 で，K が作った料理（io）をおいしいと構成し，それを文脈に「おいしい」という行為選択ができたことを語った。

第6章　本来的なケアのネットワーク化によるコミュニティ内の役割混乱の再構成　　167

　そこで T_2 は T_2-2 で，K夫に対しK夫の「おいしい」という行為選択の後，生じたKの言語行為 s の記述を求めた（TCa）。副次的には，Kの行為へのK夫の期待の構成 m[em] の差異化を意図していた（eCCa2）。

　　T_2-2：そうだったんだね。「おいしい」とKさんに伝えた時，Kさんはどう応答した？（TCa／eCCa2）
　　K夫2：Kは黙っていた
　　T_2-3：黙っていてもK夫さんは何か感じたのではないですか？（eCCb1／eCCa1）
　　K夫3：嬉しそうな顔していたよ

　K夫は，Kの応答が言語的にはなされなかったことを記述した（K夫2）。そこで T_2 は T_2-3 で，Kの「黙っていた」という非言語的メッセージへのK夫の期待の構成の記述を促した。それは，非言語的メッセージを文脈としたKのメッセージ内容への期待の構成（m[em]）の記述を促した質問であるため，主分類は eCCb1 であった。そしてその期待の意味構成を文脈として，K夫がKに対し，どのような期待の伝達行為を選択したかを問うことを意図していたので，副分類は eCCa1 であった。K夫はKの「黙っていた」言語行為 s に対し，「嬉しそうな顔をしていた」と期待の構成を記述した（K夫3）。このK夫のKの行為に対する期待の構成の差異化は，Kの新たな世界構成の可能性の実現に向かうK夫の期待の構成法の浮上と言えるであろう。つまりK夫は，自分の「おいしい」という新たなメッセージ伝達行為 s により伝達される期待「感謝していると理解してほしい」s[em] を，Kが理解してくれた m[em] と，Kの「黙っていた」という行為への期待理解法を記述したのである。ここでKとK夫間のトランズアクション過程で，ケアの相互生成力学が活性化し始めた。
　そこで T_2 は T_2-4 で，K夫が「おいしい」とKへ伝達した行為に対するKの期待の構成の記述をKに求めた（主分類：eCCa2）。この質問は，K夫に向けた次のKの期待の伝達行為の記述を意図していたので，副分類は eCCa1 であった。

168　　　第Ⅱ部　実践編

　　T₂-4：Kさんは言われてどう思った？（eCCa2／eCCa1）
　　K1：まさか「おいしい」って言ってくれるとは思わなかったから嬉しかっ
　　　　たよ

　　KのK1の記述から，K夫の「おいしい」という行為選択に対し，Kは料
理を作った自分を理解してもらえたと構成したことを説明した（m[em]）。
ここでのK1の記述は，K夫の行為選択へのKの期待構成法の差異化の記述
と言える。
　　そこでT₂はT₂-5で，このKとK夫間で生じた新しい期待の相互生成力学
を強化するため，再度K夫の選択した「おいしい」というメッセージ伝達
行為のリフレクションをK夫に対し試みた。この質問は，K夫の「おいしい」
という新しい行為選択に伴う期待の伝達が，Kの「嬉しそうな表情」が伴っ
た行為選択と結び付き，新しいKとK夫間の行為連鎖が生じたことについ
てのリフレクションが意図されていたので，eCCb2を主分類とした。そし
てK夫に対して，Kの「嬉しそうな表情」を伴った応答を引き出したK夫
の期待の伝達行為についての再記述を副次的には意図していたので，副分類
をeCCa1とした。

　　T₂-5：（Kに対し）そうよね。（K夫に対し）K夫は，「おいしい」と一言言
　　　　うだけで，Kさんを，こんなに喜ばせることができたことを，K夫は，
　　　　どう思う？（eCCb2／eCCa1）
　　K夫4：（照れくさそうに）ふふふ

　　この（3）の段階でT₂が用いた，主分類の技法について見てみよう。ここ
ではK夫を中心に，時間的差異の質問（eTDa）から開始し，時間的文脈の
質問（TCa）が選択され，そしてカテゴリーの文脈の質問（eCCb1，eCCb2）
を連続的に使用することで，K夫の行為選択の差異化が実現したKの行為
へのK夫の期待の構成法の差異化とその強化が試みられた。そしてK夫の
Kの行為への期待の構成法の差異化とKの期待の伝達法の差異化を連動さ
せるため，カテゴリーの文脈の質問（eCCa2）がKに対して用いられた。こ

第6章　本来的なケアのネットワーク化によるコミュニティ内の役割混乱の再構成　　*169*

のような技法の選択過程の中で，KとK夫は，お互いに自己中心的な期待の構成法と行為選択法から，他者の世界構成の可能性の実現に関心を向ける，つまり互いに本来性のケアにケアするというケア実践の相互生成過程を実現したことが確認された。

7．効果測定とコミュニティの変容

　以下では，問題場面でのKとK夫間の相互の期待の構成要素の生成力学と介入後のそれらの差異化された力学の効果測定法を示してみたい。

(1) 期待の構成要素とその力学の変化の測定

　① 介入前の期待の要素のカテゴリー化と力動性の測定

　Kが問題場面として訴えた手料理を出す場面でのKとK夫との期待の要素は，以下の表1のようにカテゴリー化され，図2でその力動性が示される。

　表1の期待の要素欄の［　］内の記号と数字は，上記「6.(1) KとK夫の期待の構成要素の記述とリフレクション過程（T_1 - K - K夫の三者間）」で示された逐語の記号と数字に一致している。

　介入前のKとK夫の食事場面での期待の要素群は，ベールズの相互作用のカテゴリーに基づき，表1のカテゴリー欄のように分類した。

　KのK1の「手料理を出す」行為に随伴させたK夫への期待の伝達（s[es]）は，評価的メッセージで応答を示すべきであるというB5sである。そしてそれは，K夫に対し上位の立場から伝達される。K夫は，このKの行為への期待の構成（m[em]）は，緊張感の増大（D11m）となり，それはK夫の「黙る」という行為選択での期待の伝達（期待の欠如）の産出力として作用（D11s）する。そして，このK夫のKへの期待伝達に対するKの期待の構成は，K夫はKを妻「として」理解していないという構成（D12m）であり，それを文脈にK夫への期待の伝達行為（非言語的メッセージでの不快な表現法D12sの選択）が選択されていた。

　その結果，KとK夫間の期待の要素群は，B，D領域に分類された（表1）。それぞれ連続する2つの要素を組み合わせて座標を取り，それを3次元グラフにしたのが図2である。KとK夫との間の期待の構成要素の力動性は，

表1 介入前のKとK夫との間の期待生成メカニズム

対象	期待の要素	カテゴリー	
1K	K（妻）から手料理を出されたら、「おいしい」と（夫として）言うべき [K2]	B5s	}(1)
2K夫	料理（io）を食べる時うるさく言いすぎだ [K夫3]	D11m	}(2)
3K夫	（黙る）[K夫1]	D11s	}(3)
4K	夫の行動は私を無視している [K1]	D12m	}(4)
5K	（不機嫌な表情）	D12s	

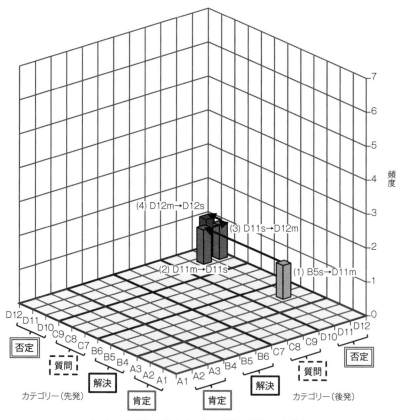

図2　介入前のKとK夫の期待の要素の力動性

第6章　本来的なケアのネットワーク化によるコミュニティ内の役割混乱の再構成　　*171*

課題解決行動のB領域から，否定的反応のD領域へと向かう力学が生成していた。

　第4章で述べたように，この期待の要素の連鎖過程は，D領域へ向かう力学が著しく優位になった状態であり，本来性のケア実践の生成力は衰退していた。

　②　介入後の期待の要素のカテゴリー化と力動性の測定

　この介入前の食事場面での期待の要素群とその力動性は，T_1とT_2の介入過程を通して変容した。介入後の食事場面での期待の構成要素とその生成力学は，以下の表2と図3に示す。介入後の問題解決場面でのKとK夫の期待の要素群は，ベールズのカテゴリーを用いて分類すると，AとB領域に分類され，B領域からA領域へと向かう力学が生成していた。

　表2の期待の要素欄の［　］内の記号と数字は，上記「6.(3) 実践の振り返りと期待の相互生成過程（T_2-K-K夫）」で使用された，逐語記録記号と数字に一致している。ただしK1のみ，「6.(2) 実践プランの具体化（T_1-K）」の逐語記録の記号と数字に一致している。

　介入後の期待の要素は，Kの「手料理を出す」行為は，介入前と同様に（B5s）にカテゴリー化された。しかしこの行為は，K夫が新しい行為選択をしやすくなるように配慮された行為であった。そのため，Kの行為へのK夫の期待の構成は，自分K夫に対し反応を要求している（B5m）と構成することが可能となり，それを文脈としたK夫の期待の伝達法は，Kに対して言語的に表現する行為が選択された。これは表1の3K夫とは異なる期待の構成と伝達行為の浮上であった。この表2の3K夫は，Kへの連帯性を示す言語行為として分類された（A1s）。このK夫の言語行為に対するKの期待の構成は，自分Kが作った料理への肯定的評価（感謝など）として構成され（A1m），それを文脈としてK夫に対し，Kの期待の伝達行為は，嬉しさを表現する行為（A1s）へと差異化された。図3の期待の要素の生成力学は，D領域の生成力学はミニマイズされ，A領域とB領域の要素が有機的に結びつく力学の生成が示された。

　③　介入前後の期待の要素の力動性の変化の測定とケア実践の生成力学

　図2と図3の3次元グラフを用いて，それぞれの期待の生成力学を比較考

表2 介入後のKとK夫との間の期待生成メカニズム

対象	期待の要素	カテゴリー	
1K	手料理への評価を伝えてほしい [K1]	B5s	}(1')
2K夫	Kは一生懸命作った料理の評価を求めている[K夫1]	B5m	}(2')
3K夫	言葉で（非言語も含めて）肯定的評価を表現すべき [K1夫]	A1s	}(3')
4K	自分Kの料理への評価と見なす [K1]	A1m	}(4')
5K	黙る（嬉しそうな表情）[K1]	A1s	

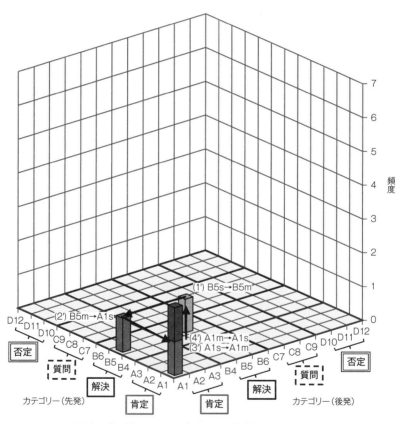

図3 介入後のKとK夫との間の期待の要素の力動性

第6章　本来的なケアのネットワーク化によるコミュニティ内の役割混乱の再構成　　173

察してみたい。介入前の図2においては，双方での期待の送受信の離齬から，B領域からD領域への力学が優勢となる力学であったが，介入によりD領域の生成力学は衰退し，B領域からA領域への力学の生成となったことが示されている。KとK夫間でのケア実践の相互生成力学の活性化は，B領域からD領域へ向かう力学が，B領域からA領域へ向かう力学に変容する過程で実現したことが視覚的に示された。

(2) コミュニティの変容と新たな役割生成

　上記の効果測定は，KとK夫間で生じた1つの出来事における役割期待の要素の差異生成力学の効果測定であった。この1つの出来事で生成した差異の生成力学は，KとK夫間で生じる他の場面の差異化の文脈として機能した。そしてその差異化の力学の生成を文脈として，Kのコミュニティ全体の生成力学は変容した。

　まず上記の介入後，Kと他の専門家とのトランズアクション過程において変化が生じた。それは，専門家側がKの伝達行為に対する期待の構成法を差異化し，Kが多様な「～として」の役割を共同生成できるように，その関与法を差異化したことだった。たとえばKは，自分の担当になった若手の専門家を育てる教育者「として」の役割行動として，Kが必要とするサービスを，専門家に前もって伝えるようになった。それは，以前の自己中心的な事後的に要求を伝える行為ではなく，さまざまな要求をしてくる他の利用者に対し，若手の専門家が対処する準備になるように配慮した伝達方法であった。Kは，個々の若手のサービス担当者の特性を把握しながら，さまざまな要求を出す出し方を自ら工夫していた。この点からも，Kが他者の世界構成の可能性の実現に向かう本来的なケア実践を専門家との間でも浮上させたことが確認された。

　このKのケア実践は，Kの近所の人へのケア実践へとさらに波及した。そこでは，Kが地域の課題解決者「として」の役割を担うという形で近所の人へのケア実践が浮上した。そして次第に地域住民との間の相互の役割の生成規則が差異化し始めた。もちろん，日常的な激しい言い争いが激減したことも，その背景文脈として機能した。

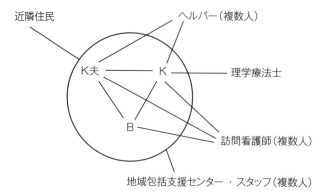

図4　Kのコミュニティ・システムの変容

　その結果，Kのコミュニティ全体の生成力学は変容したため，インテンシブな面接は終了した（図4）。
　Kのコミュニティでは，新たな期待の構成法と伝達法の作動，言い換えるならば，KとK夫そして専門家や近隣住民との間で相互に多様な「～として」の役割を生成する規則がネットワーク化し始めたと言える。この新しい役割生成を実現するケア実践の持続は，問題解決者としてのポジションから，諸サービスの利用を継続する過程を通して維持された。その後，Kのコミュニティにおいて，顕著な対立増幅過程が持続することはなくなった。

Ⅲ．考　察

　本章では，対立増幅過程が多発していたクライアントのコミュニティ全体の生成力学の変容を，KとK夫間でのケア実践の活性化，つまりトランズアクション過程における期待の伝達行為と意味構成の差異化を通して試みるという新しい支援論を示した。これは，これまでにない斬新なコミュニティ生成論の実践例であると考える。そこでは，構成員の期待を相互に自己中心的な構成法（ケアの衰退過程）から，互いに他者の世界構成の可能性の実現に配慮する構成法へ，つまりケア実践の相互活性化過程を生成させることで，コミュニティの再組織化を可能にする方法論が論じられた。

第6章　本来的なケアのネットワーク化によるコミュニティ内の役割混乱の再構成　　175

　また構成員相互間での期待の生成力学の差異化を推し進める支援者の具体的な技法使用法についても，詳細に論じられた。つまり，理論化されたコミュニティの変容段階ごとの技法使用の基準が示された。また，技法の連続的な使用論も提示された。しかし，実際の支援場面において，使用した技法の分類法は未完成で，連続的な使用論も曖昧な部分がある。それゆえ既存の支援論では言及されることがなかった，変容技法の分類とその重層的使用法という変容力を有する臨床概念は，より厳密に理論化する作業が，今後求められることになる。

　このような技法選択法が体系化されるならば，それは多職種間での共有可能性を有する。つまりそれは，新しいチーム・アプローチを可能にすると考える。本章で示した期待に焦点化した変容手法を用いるチーム・アプローチを，ミニマリスト・チーム・アプローチと呼びたい。

　そして，もの軸での意味構成の変容を文脈として人軸での行為が変容し，それがトランズアクションの差異化になるという1つのサブシステムでのミニマムな変化が，他のサブシステムへと拡大し，コミュニティ全体の変容力学が活性化することが，3次元グラフを用いた測定法により視覚的に示された。このようなコミュニティのミクロレベルの生成力学の測定は，これまで存在しなかった。しかしながら第4章でも述べたが，測定される期待の構成要素の類型化は，現時点ではあいまいな点を有している。この測定法の妥当性を高めるためには，測定される行為およびその期待の構成要素の抽出法とその厳密な類型化の作業が求められ，そのうえで事例数を増やすことが要請される。

　本章で述べた，クライアントと重要な他者および専門家との間でのケア実践の世界生成力の復元過程として，クライアントの問題解決過程を定義し，それを背景の人間関係に拡大する支援論は未整備な部分を含むが，ケアを哲学的基礎理論とする臨床理論の構築法に関して，また技法使用論に関して，そして変容力学を測定する測定法に関して，例を見ない独創的な次世代のコミュニティの支援論の提示と考える。それを一層洗練するためにも，例示した一連の理論的な難点への考察が求められる。

[注]

1 家族療法の中で，システムの機能に焦点化したアプローチを戦略派，あるいは戦略的家族療法という。

2 ミニマリスト・チーム・アプローチは，専門家による最小限の介入で，最大限の効果を引き出すアプローチの総称。

3 クライアントから事例掲載の了承を得ている。K，K夫，Bは個人情報とは無関係に付与された記号である。

4 このエコマップは生活場面の概略図にしか過ぎない評定用具であるが，その構造と力学についての厳密な理論化は不十分である。多くの場合，それは単なる結びつき方の作図のレベルにとどまっている。エコマップで概略的に描かれる生活場面をシステムズ理論を用いつつも，それを均衡論的にではなく生成論的に理論化を試みたのが，ここで論じる支援モデルの基礎理論である。

5 このK1の対処行動は，時間的文脈の質問（TCb）を中心に用いてその記述が試みられた。ただし，ここではその詳細な記述データを掲載していない。なぜなら本例での実践法は，期待の変容法からKの家族システム，そして家族システムとその背景システム，つまり広範なコミュニティの変容メカニズムを具体的に示す過程に焦点化しているためである。

6 この面接過程での期待の記述においては，Kの期待構成に対するK夫のリフレクションは含まれていない。ここでは，K夫の行為全体sへのKの意味構成，K夫への役割行為の期待伝達s[es]の浮上という形で，Kの側からの解決策が伝達されている。むろん，Kが記述したK夫への期待についてのリフレクションをK夫に求め，彼からの解決行動sの産出を試みる介入法も想定される。

7 この質問は，解決行為になる「ありがとう」の言語行為が，将来生じる場面（出来事）を想定して，解決の事態を語らせるため，ミラクル・クエスチョンでもある。

おわりに

　本書では，ケア実践とりわけ期待の構成要素の差異化に焦点化したコミュニティの再組織化の基礎理論，変容技法，および効果測定についてそれぞれ論じ，それらの実践での有用性を考察した。

　そこでは，次世代の支援論としての新たなパラダイムが示された。

　まず，ハイデガーの Sorge，すなわちケア概念に依拠して，ケア概念の包括性に明確な定義を付与し，新たな地域包括ケア実践の哲学的な基礎が提示された。

　さらに，この哲学的な概念を基礎にして，ベイトソンの差異の情報還流システムとしての精神定義（社会定義）と廣松の四肢構造論を用いて，新しい社会理論を提示したことである。つまり，本書での社会は，ベイトソンの差異の情報還流システムを，人のみならずものの世界にも拡大し，人とものへのケアの還流，とりわけ期待の還流によって，差異化される人ともののシステムとして定義しなおされた。

　そしてこの社会理論を土台として，コミュニティの変容段階論，変容技法論そして効果測定論から構成される臨床理論が提示された。この変容段階論は，訴えの記述を促しそれを肯定的に再構成する段階，そして肯定的な文脈の中で，問題場面を構成する行為群を連結させる力として作用する期待の構成要素を記述する段階，そしてそれらの要素のリフレクションを促す段階として体系化された。

　また，上記の変容段階に応じて使用される変容技法論が，差異の構成軸と技法類型および使用法から示された。それはトムが提示した循環的質問法に，もの軸の構成軸を加え，人軸では期待の変数を取り入れた新しい質問の類型を提示した。そして差異生成を試みる局面ごとの技法使用法は，支援者の複数の差異化の意図に基づいて類型化した上で，類型化された技法の連続的使用の考察法を示した。

おわりに

　この新しい技法の使用法に基づき面接過程で顕在化する期待の生成力学を，オリジナルな3次元グラフを用いて視覚的に示す効果測定論も示された。期待の構成要素は，問題解決を意図した行為や理解法であるため，ベールズの相互作用のカテゴリーを基に類型化が可能であった。それを3次元のグラフにすることで，問題増幅メカニズム（期待の差異化力が相互生成されない過程）から問題解決メカニズム（期待の差異化力が相互生成するメカニズム）への生成変化を視覚的に示すという，新しい効果測定法が示された。

　これらの新しいパラダイムに基づく，ケア実践を軸にしたコミュニティの再組織化の実践モデルを，Community Re-organization with Caring Activities Model の略で，CROCAs モデルと呼びたい。この CROCAs モデルは，既存の体系化の志向性が弱い地域包括的ケア・システムとは異なる，基礎理論と社会理論，そして臨床理論から構成された，対人臨床科学の構成要件を満たす，コミュニティの再組織化のためのケア実践モデルと言えるであろう。

　むろんこの CROCAs モデルは，未完の体系である。それゆえ，理論構成における不足や実践数の不足など，考察課題は数多く指摘されるであろう。それゆえ，「はじめに」でも述べたように，学としての支援論の体系化を志向する若手の研究者や大学院生の方には，是非本書の問題点を吟味していただき，本書での現時点での理論構築を乗り越える，新たな実践理論作りに取り組んでいただくことを期待する。

文　献

Bales, R. F. 1950. *Interaction Process Analysis: A Method for the Study of Small Groups*. Mass: Addison-Wesley.

Bateson, G. 1972. *Steps to an Ecology of Mind*. New York: Ballantine.（＝佐藤良明訳 1986.『精神の生態学（上）』佐藤良明訳 1987.『精神の生態学（下）』思索社）

Bateson, G. 1979. *Mind and Nature: A Necessary Unity*. New York: Dutton.（＝佐藤良明訳 1982.『精神と自然――生きた世界の認識論』思索社）

Bateson, G., Jackson, D. D., Haley, J., and Weakland, J. 1956. Towards a Theory of Schizophrenia. *Behavioral Science*, 1, 251-242.

Constantine, L. L. 1986. *Family Paradigms: The Practice of Theory in Family Therapy*. New York: The Guilford Press.

Cronen, V. E., and Pearce, W. B. 1985. Toward an Explanation of How the Milan Method Works: An Invitation to a Systemic Epistemology and the Evolution of Family Systems. In D. Campbell, and R. Draper (eds.). *Applications of Systemic Family Therapy: The Milan Approach*. New York: Grune and Stratton. 69-84.

Cronen, V. E., Pearce, W. B., and Tomm, K. 1985. Dialectical View of Personal Change. In K. J. Gergen and K. E. Devis (eds.). *The Social Construction of the Person*. New York: Springer-Verlag. 203-224.

DeJohn, P., and Berg, I. K. 2002. *Interviewing for Solutions (2nd ed)*. Australia: Brooks/Cole.（＝桐田弘江・玉真慎子・住谷祐子訳 2004.『解決のための面接技法 第2版――ソリューション・フォーカスト・アプローチの手引き』金剛出版）

De Shazer, S. 1994. *Words Were Originally Magic*. New York: W. W. Norton & Co. Inc.（＝長谷川啓三監訳 2000.『解決志向の言語学――言葉はもともと魔法だった』りぶらりあ選書　法政大学出版局）

Gelven, M. 1989. *A Commentary on Heidegger's Being and Time, Revised Edition*. Illinois: Northern Illinois University Press.（＝長谷川西涯訳 2000.『ハイデッガー『存在と時間』註解』ちくま学芸文庫）

Goffman, E. 1961. *Asylums: Essays on the Social Situation of Mental Patients and Other Inmates*. New York: Doubleday.（＝石黒毅訳 1984.『アサイラム――施設被収容者の日常世界――』誠信書房）

Haley, J. 1963. *Strategies of Psychotherapy*. New York: Grune & Stratton.（＝高石昇訳 1973.『心理療法の秘訣：コミュニケーション分析による発見』黎明書房）

長谷正人 1989.「ダブル・バインドへのシステム論的アプローチ」『社会学評論』40, 310-324.

長谷川啓三 1987.『家族内パラドックス――逆説と構成主義』彩古書房。

Heidegger, M. 1962. *Being and Time* (=2008. trans. Macquarrie J, Robinson E). New York: Harper & Row.

廣松渉 1972. 『世界の共同主観的存在構造』勁草書房。

廣松渉 1975. 『事的世界観の前哨』岩波書店。

廣松渉 1983. 「精神の間主体的存在構造――『精神異常』の存立構成の定位のために」『思想』岩波書店, 9-18。

廣松渉 1988. 『新哲学入門』岩波新書。

廣松渉 1997. 『存在と意味』岩波書店。

廣松渉 2001. 『物象化論の構図』岩波現代文庫。

廣松渉 2010. 『役割理論の再構築のために』岩波書店。

Hoffman, L. 1981. *Foundations of Family Therapy: A Conceptual Framework for Systems Change*. New York: Basic Books. (=亀口憲治訳 1986. 『システムと進化――家族療法の基礎理論』朝日出版社)

Hornstrup, C., Tomm, K., and Johansen, T. 2008. *Interventive Interviewing Revisited and Expanded*.
https://wagner.nyu.edu/files/leadership/Expanding_Questioning.pdf#search=%27Interventive+Interviewing+Revisited+and+Expanded.%27

細谷貞雄 1994a. 『存在と時間（上）』筑摩書房。

細谷貞雄 1994b. 『存在と時間（下）』筑摩書房。

角一典 2008. 「コミュニティを形作るものは何か？――1970-80年代の日本の社会学におけるコミュニティ論を手がかりに」『2007旭川オープンカレッジ連続講座「あさひかわ学」報告集』, 3-6。

加茂陽 1995. 『ソーシャルワークの社会学――実践理論の構築を目指して――』世界思想社。

加茂陽 2008. 「ヒューマンサービスにおける効果測定法の素描」加茂陽・中谷隆編著『ヒューマンサービス調査法を学ぶ人のために』世界思想社, 13-66。

加茂陽 2012. 「ソーシャルワーク論考：社会構成主義的パースペクティヴより」一般社団法人社会福祉学会編『対論社会福祉学4：ソーシャルワークの思想』中央法規, 89-113。

加茂陽 2014a. 「児童虐待問題へのもう1つのアプローチ」清水新二編著『臨床家族社会学』放送大学教育振興会, 241-262。

加茂陽 2014b. 「被虐待児童の家族支援の実際：修正ナラティヴモデルによる支援とその課題」清水新二編著『同上書』放送大学教育振興会, 263-278。

加茂陽・大下由美 2001. 「エンパワーメント論：ナラティヴ・モデルの批判的吟味」『社会福祉学』42（1）, 12-22。

Kamo, K., and Oshita, Y. 2011. New Perspective on Problem Solving Skills and Research Methods. In Oshita, Y and Kamo, K. (eds.). *Reconstructing Meaningful Life Worlds: A New Approach to Social Work Practice*. Bloomington, Illinois: iUniverse. 41-60.

加茂陽・大下由美 2014. 「新しいファミリー・ソーシャルワーク論の構築を目指して

―― 『私』とケアの概念を軸に――」大下由美・小川全夫・加茂陽編著『ファミ
　　リー・ソーシャルワークの理論と技法：社会構成主義的観点から』九州大学出版会，
　　3-22。

Kamo, K., Oshita, Y., and Okamoto, H. 2014. Multiple-reflection Model of Social Work
　　Practice. *Japanese Journal of Social Welfare*, 54 (5), 1 10.

木原活信 2012.「ソーシャルワークにおけるポストモダニズムとモダニズム――社会
　　構成主義の論点を踏まえ；エピローグ」一般社団法人 社会福祉学会編『前掲書』，
　　中央法規，136-145。

北井万裕子 2017.「パットナムのソーシャル・キャピタル概念再考――共同体の美化
　　と国家制度の役割――」『立命館経済学』65 (6)，311-324。

小林敏明 1987.『＜ことなり＞の現象学――役割行為のオントプラクソロギー』弘文
　　堂。

河野高志 2013.「日本のケアマネジメント展開の課題――英米との比較をとおした今
　　後の展望の考察――」『福岡県立大学人間社会学部紀要』22 (1)，1-17。

久保美紀 2000.「エンパワーメント」加茂陽編著『ソーシャルワーク理論を学ぶ人の
　　ために』世界思想社，107-135。

マッキーヴァー, R. M. 著，中久郎・松本通晴監訳 1975.『コミュニティ：社会学的研
　　究――社会生活の性質と基本法則に関する一試論――（Community: A Sociological
　　Study: Being an Attempt to Set Out the Nature and Fundamental Laws of Social
　　Life)』ミネルヴァ書房。

丸木恵祐 1986.「日常経験と相互作用論――ゴッフマンのドラマツルギーをめぐって
　　――」『社会学評論』37 (1)，22-34。

松原治郎 1978.『コミュニティの社会学』東京大学出版会。

Miller, G. 1997. *Becoming Miracle Workers: Language and Learning in Brief Therapy*. New
　　Jersey: Aldine Transaction.

三浦俊彦 2005.『ラッセルのパラドクス：世界を読み換える哲学』岩波新書。

西垣通 1991.『デジタル・ナルシス：情報科学パイオニアたちの欲望』岩波書店。

西谷修 1998.『戦争論』講談社学術文庫。

小川全夫 2014.「日本における地域福祉の脱構築と再構築」大下由美・小川全夫・加
　　茂陽編著『前掲書』九州大学出版会，78-97。

奥田道大 1983.『都市コミュニティの理論』東京大学出版会。

大下由美 2008a.『支援論の現在――保健福祉領域の視座から』世界思想社。

大下由美 2008b.「社会構成主義的効果測定法の実際」加茂陽・中谷隆編著『前掲書』
　　世界思想社，101-139。

大下由美 2010.『サポート・ネットワークの臨床論』世界思想社。

大下由美 2014a.「『私』によるケアと技法論」大下由美・小川全夫・加茂陽編著『前掲書』
　　九州大学出版会，101-119。

大下由美 2014b.「問題解決過程の効果測定論」大下由美・小川全夫・加茂陽編著『同
　　上書』九州大学出版会，120-131。

大下由美 2014c.「問題解決過程の効果測定の実際」大下由美・小川全夫・加茂陽編著『同上書』九州大学出版会，132-152。

Oshita, Y. 2016. Narrative Social Work Practice for HIV/AIDS Clients. *Universal Journal of Public Health*, 4 (2), 108-119.

Oshita, Y. 2017. A New "Community" Organization Approach for Elderly Persons with Multiple Mental Disorders. *Culture and Religious Studies*, 5 (7), 402-413.

Oshita, Y. 2018. Constructing a Comprehensive Team Approach Using the Refined Short-Term Reconstructing Meaningful Life Worlds Model. *Online Journal of Japanese Clinical Psychology*, 5, 1-12.

大下由美・加茂陽 2008.「社会構成主義的効果測定論」加茂陽・中谷隆編著『前掲書』世界思想社，67-99。

大下由美・加茂陽 2013.「短期の現実再構成モデルの効果測定法」『家族心理学研究』27 (1), 1-15。

Oshita, Y., and Kamo, K. 2014. A New Intervention Skills and Measurement Methods for Clinical Social Work Practice. *Japanese Journal of Social Welfare*, 54 (5), 11-22.

パットナム，R. D. 著，柴内康文訳 2006.『孤独なボウリング──米国コミュニティの崩壊と再生──』柏書店。

執行良子・神成成子・加茂陽・大下由美 2014.「家族エンパワーメントと退院支援」大下由美・小川全夫・加茂陽編著『前掲書』九州大学出版会，206-220。

Steiner, G. 1978. *Martin Heidegger with a New Introduction*. Chicago: The University of Chicago Press. (＝生松敬三訳 2000『マルティン・ハイデガー』岩波現代文庫)

テンニース，F. 著，杉之原寿一訳 1957.『ゲマインシャフトとゲゼルシャフト(上)(下)』岩波書店。

Tomm, K. 1985. Circular Interviewing: A Multifaceted Clinical Tool, In Campbell, D., and Draper, R., (eds.). *Applications of Systematic Family Therapy*. New York: Grune and Stratton. 33-45.

Tomm, K. 1987a. Interventive Interviewing: Part I. Strategizing as a Fourth Guideline for the Therapist. *Family Process*, 26, 3-13.

Tomm, K. 1987b. Interventive Interviewing: Part II. Reflexive Questioning as a Means to Enable Self Healing. *Family Process*, 26, 153-183.

Tomm, K. 1988. Interventive Interviewing: Part III. Intending to Ask Lineal, Circular, Reflexive or Strategic Questions? *Family Process*, 27, 1-15.

Watzlawick, P., Bavelas, J. B., and Jackson, D. D. 1967. *Pragmatics of Human Communication: A Study of Interactional Patterns, Pathologies, and Paradoxes*. New York: W. W. Norton & Company, Inc. (＝尾川丈一訳 1998.『人間コミュニケーションの語用論：相互作用パターン，病理とパラドックスの研究』二瓶社)

Watzlawick, P., Weakland, J., and Fisch, R. 1974. *Change: Principles of Problem Formation and Problem Resolution*. New York: W. W. Norton & Company, Inc. (＝長谷川啓三訳 1992.『変化の原理：問題の形成と解決』法政大学出版局)

Weeks, G. R., and L'Abate, L. 1982. *Paradoxical Psychotherapy: Theory and Practice with Individuals, Couples, and Families.* New York: Brunner/Mazel Publisher. (＝篠木満・内田江里訳 1986. 『逆説心理療法』星和書店)

Winner, N. 1961. *Cybernetics: Or Control and Communication in the Animal and the Machine.* Mass: The MIT Press. (＝池原止戈夫・彌永昌吉・室賀二郎　戸田巌訳 2011. 『サイバネティックス――動物と機械における制御と通信』岩波文庫)

用 語 解 説

一般化された他者

ミードは，相互行為によって自己が形成されるという理論を構築した。つまり人は，他者から期待される自分と，思い込んでいる自分とのせめぎあいの中で社会的な自分を作り上げている。期待を寄せるのは，個々の他者だけでなく，規範であるとか制度の場合がある。これらは一般化された他者と言える。

解決志向短期療法

これは，戦略的家族療法が発展する過程で，ドゥ・シェーザーやバーグらによって開発された心理療法である。クライアントの問題を短期に解決するには，問題の原因に焦点を当てるのではなく，問題が解決することについて語る，つまり解決を説明できる言語を使い，解決している場面やこれから解決していくことを，具体的に実践することを重視するアプローチである。主な技法は，スケーリング・クエスチョン，ゲッティングバイ・クエスチョン，例外事象の探索，ミラクル・クエスチョン，コーピング・クエスチョンなどである。

記述

記述は，クライアントが，問題場面を具体的な行為連鎖や期待の構成要素を，言語的あるいは視覚的に，時系列で語る差異化の地平を開く作業である。それにより，クライアントは，自らを世界構成の主体として意識する機会および訴えを世界構成の最小の要素の連鎖へと再構成する機会を持つことになる。この訴えの再構成作業により，解決すべき問題は最小化される。

期待

ある行為選択は他者への期待を伴い伝達される。この期待は，一般的には，行為者中心の他者への行為遂行の要求として理解される。本書での期待は，この既存の社会学的な概念とは異なる。つまりそれは，ハイデガーのケア概念に依拠して他者が新たな世界構成の主体になっていくことに関心を向け，新たな他者が生まれることが自らを生成していくことになるという他者中心の期待概念

である。この期待の概念は，対人関係の持続的生成を説明するために考案された概念である。言い換えるならば，期待は，他者が主体的に世界を構成する「企て」（Entwurf）に向けられる，それらの生成を待望（expect）する（主体から）他者への関与法である。

企投

絶対的に，受け身的に世界に投げ出された現存在の本来的なあり方として，ハイデガーは企投という概念を提示した。この，死から逃れられない世界に人は被投されているが，そこから自らの生の意味を生み出す主体の試みを，企投と名付けた。（↔被投）

ケア

本論でのケア概念は，社会一般で共有されている，疾患の治癒を試みるキュア（Cure）に対する，非治療的な意味合いを有する，世話ないし保護としてのケア（Care）という意味では使用されていない。またそれは福祉領域で共有されているマネジメントの対象としてのケアという言説とも異なる。本書でのケアは，ハイデガーが論じた，人が人として存在するうえで不可欠な前提条件としての他者に対する気遣いとしてのケア（Caring for；Fürsorge），およびものへの関心（Caring about；Besorgen）を意味する。この詳しい解説は，Gelven（1989）を見よ。

構築主義

構築主義あるいは構成主義は，現実や意味が人々の頭の中で作り出されていることを強調する考え方である。キツセとスペクターは，社会問題は，何らかの事態に対して苦情を述べる人々の運動として再定義することを主張した。

コミュニティ理論

古典的なコミュニティ理論は，アメリカ都市社会学や構造機能主義理論の影響を受けた松原治郎，奥田道大らによる理論である。それは高度経済成長期の日本の地域社会を，住民の関わりが「主体的か客体的か」，「普遍主義的か個別主義的か」という組み合わせによって，「地域共同体」モデル，「伝統的アノミー」モデル，「個我」モデル，「コミュニティ」モデルなどとして提示されてきた。特に郊外住宅地で動き出した住民運動が「コミュニティ」モデルとして評価さ

れた。

CMM 理論（意味の調整的処理理論）

CMM は，Coordinated Management of Meaning の略で，ベイトソンの差異の概念を中心に，クロネンやピアスらを中心に構築された，生成的社会理論である。CMM 理論は，意味を構成する重層的文脈論が特徴で，より抽象度の高いものから，家族神話，自己定義，関係性定義，出来事，言語行為という5つの互いに関係しあうレベルを提示した。このレベル間での差異の循環つまり，関係者相互の行為選択により，意味は重層的，循環的に生成される。

四肢構造論

廣松渉によって提示された，世界の構成構造論。廣松は，「用材的財態の二肢的二重性（実在的所与‐意義的価値）と能為的主体の二肢的二重性（能為的誰某―役柄的或者）」（『存在と意味』）の四肢構造の視点から世界の生成を説明した。人は私以上の社会的役割遂行者として，所与の対象（ものと者）の意義を「～として」構成する。自他間ではそれぞれの主体は，他者の期待を意識して行為を遂行し，相互的役割行為の過程で新たにものおよび者を「～として」生成する。本書では，この廣松の四肢構造論をベイトソンの差異概念と結びつけ，世界（社会）の生成と構造化を説明する理論の体系化を試みた。

循環的認識論

ベイトソンの循環的認識論は，システム論的家族療法において，直線的因果律による医療モデルを克服する理論的基盤であった。クライアントとその環境を，相互回帰的な生態学的ネットワークシステムであるととらえるソーシャルワークの生活モデルの実践においては，問題を関係性が動的に展開する過程であるとみなし，その肯定的側面をも含めて評定する循環的認識論の視点が不可欠である。

垂直（的）ループ

CMM 理論を土台として設定された意味の重層レベル間での情報伝達の循環的な流れを垂直（的）ループという。

水平（的）ループ

対人間での行為と期待と意味構成に関する情報の還流を水平（的）ループという。

トランズアクション

これはコミュニケーション過程を成員相互の生成的過程として説明する用語である。インタラクションの概念は，コミュニケーションを試みる主体が，メッセージを選択する局面ごとに変化することなく，一貫した自己として相互のやり取りを試みる過程を説明する概念である。他方，トランズアクションの概念は，成員がメッセージを交換する局面ごとに，新しい主体に作り変えられ，それにより，互いのメッセージを処理していく装置も，そのつど作り変えられていくことになる，共変化過程を説明する概念である。

二重拘束（ダブル・バインド）理論／仮説

ラッセルの論理階型論をもとに，メッセージの伝達行為には，言語レベルと非言語レベルがあり，コミュニケーション過程において，一方のメッセージが，2つのレベル間で伝達する情報が矛盾する場合，その受け手の処理規則は破綻し，行為選択が不可能になるメカニズムを説明した理論仮説。統合失調症の患者とその家族のコミュニケーションを対象とした研究過程で導き出された理論仮説で，精神科的な症状を，対人関係の問題として説明した画期的な仮説であった。さらにこの理論仮説に基づき，支援者の治療技法として，治療的ダブル・バインドが開発された。

被投

ハイデガーが，人は生まれた時から，既にある世界に投げ出され，その世界を生きなければならないという，絶対的に受け身的な世界に生まれ出ること，最終的には死を避けられないという世界へ産み落とされていることを，被投と定義した。

フィードバック・ループ

システムの動きを説明する基礎的な概念。システム内で情報（差異）が増大する流れを，ポジティブ・フィードバック・ループといい，反対に情報（差異）の増幅を制御するメカニズムを，ネガティブ・フィードバック・ループという。

北米ミラノ学派

カナダのカルガリ大学のトムは，ベイトソンのシステム論的認識論の影響を受けた，イタリアのミラノのパラツォーリを中心とするシステム的な家族療法のグループ，つまりミラノ学派のチェッキンやボスコロたちの業績と，CMM理論で知られるピアスおよびクロネンとの研究を結び付け，循環的質問法を再構成し，社会構成主義的な新たなシステミックな家族療法の技法を体系化した。このトムを中心とする家族療法のグループが北米ミラノ学派である。

ミニマリスト・アプローチ

解決志向短期療法で紹介された，クライアントの問題解決を最小の介入で実現するアプローチの総称。問題を含んだ生活システムの構造全体を，一挙に変容させることは困難である。しかしシステムは，要素から成り立っているため，その要素の変容は，システムの変化へと連動させることができる。この原理に従い，変化を起こすポイントをミクロレベルで決定し，それへの最小限の専門家の介入を試み，結果として，家族システム全体や地域システムの変化まで，雪だるま式に拡大させていくアプローチの総称である。

リフレクション

この言葉には，2通りの意味がある。一つは，鏡に反射するという意味であり，もう一つは，自らの実践を振り返る，内省，反省，あるいは注意深い考察という意味である。この後者の意味でのリフレクションを土台にして，ホリスは「人と状況への反省的考察」の技法を編み出した。本書では，重層的かつ循環的に差異を生成する視点からリフレクションが論じられた。

論理階型（タイプ理論）

ラッセルが集合論のパラドックスを解消するために提示した理論（三浦 2005）。あるXという語（たとえば犬）は，基本的に階層性を有していると考える。タイプ（階型）は，個物を第1のタイプ，個物の集合を第2のタイプ，さらにその集合の集合を第3のタイプに分けられる。異なるタイプ（階型）の混同は避けなければならない。階型の区分の混乱から説明される臨床例が，ベイトソンらのやり取りが続く過程で生じるメッセージ内容と関係性の混乱と行動停止を説明したダブル・バインド理論である。

ワン・ダウン・ポジション

これは，治療者の処方に従わないクライアントの治療抵抗への解決法として考案された，短期療法における戦略である。治療者は，クライアントに対し，意図的に一段下位の（つまり，治療者がクライアントに対しへりくだる）関係性をとることで，クライアントの変化への抵抗を無力化しようと試みる。

人　物　解　説

トム，カール（Karl Tomm）

トムは社会構成主義的なシステムズ理論，とりわけベイトソンの「差異」（Difference）の概念を土台にして，独創的な精神，心理療法の技法を体系化した。それは，患者の自発的変化を作り出す，循環的質問法（Circular Questioning）と呼ばれる技法である。事態の記述を意図するのか，あるいは記述への再考察を求め変化を試みるのかという，治療者の治療の目的に応じた質問法の区分（Descriptive circular questions 対 Reflexive circular questions）に加え，メッセージそれ自体に差異化を試みる質問であるのか，それともその文脈を変化させようとする質問であるのかという分類も示した。治療者は，この体系化された質問法によって，洗練された自己変容的治療技法の選択が可能になる。トムのこれらの循環的質問法については，Tomm, K. (1985). Circular Interviewing: A Multifaceted Clinical Tool. In D. Campbell and R. Draper (eds.), *Applications of Systemic Family Therapy* を参照。

ハイデガー，マルティン（Martin Heidegger 1889-1976）

ドイツの哲学者。ハイデガーは，キェルケゴール，ニーチェらの影響を受け，人が，存在するとはどういうことかを問う存在論的なあり方を論究し，『存在と時間』の著者として有名である。ハイデガーは，存在の基盤を，従来の神＝理性から「世界内存在」へと転換した。世界内存在である現存在の世界生成の活動を，Sorge（英語では care）と定義し，死を底板とした有限性の中で，世界内の人やものを，それぞれの現存在にとって有用な意味のある人やものとして生成し，さらにそれらを道具的連関として構成する理論的枠組みを提示した。この Sorge（care）論が，本書でのケアの臨床論の基礎理論となっている。

廣松　渉（1933-1994）

廣松は実在的主観が実在する客体を認識するという物象化された認識の二分論を退ける。廣松は，トランズアクション過程での，人が役割遂行者として成形され（二肢），ものが社会的な意味を与えられた道具として役割遂行者の前に

出現する（二肢），四肢構造において，認識とその物象化が状況ごとに産出される力学を論じ，新たな認識論，存在論，そして実践論の体系を示した。また，廣松は，既存の『ドイツ・イデオロギー』に対して厳密な文献批判を試み，編集上の問題点を明らかにした業績においても名高い。廣松の四肢構造論は，実在する主体による内面への内省論，あるいは実在的資源の導入論という，既存の硬直化した対人支援論を乗り越える支援モデルの理論的土台を提示する。膨大な量の著作を廣松は出版した。代表的な著作は，『世界の共同主観的存在構造』（1972）。

ベイトソン，グレゴリー（Gregory Bateson 1904-1980）
西洋文明の二元論に異を唱え，現象の一部分を切り取り原因と結果の因果関係を論じるのではなく，生態学的視点からシステムを全体として捉えるため，個々の関係性に根ざす相互作用のパターンに注目した。ベイトソンの二重拘束論は，家族療法家に対して，コミュニケーションに潜む病理的パターンへの視点を開いた。ベイトソンの影響は，クロネンとピアスらのCMM理論，トムの循環的質問法の体系化など多方面に及ぶ。「人間関係の問題解決を図る」，「人びとがその環境と相互に影響し合う接点に介入する」というソーシャルワークの倫理に従うならば，循環的認識論に依拠し，偏狭な目的意識から距離をおこうとしたベイトソンの思想から学ぶところは大である。

ベールズ，ロバート・フリード（Robert Freed Bales 1916-2004）
ベールズは，家族の構造と機能に関する研究を行った，アメリカの社会学者である。特に対面場面における小集団を一つのシステムと見なし，その小集団内での問題解決過程の組織的な分析方法と理論を発達させた。すなわちベールズは，小集団内で選択されるさまざまな問題解決のための行為選択を，12のカテゴリーを用いて区分し，行動の相互作用過程を分析する方法（Interaction process analysis）を確立した。ベールズらのこの研究は，パーソンズが社会体系の一般理論，AGIL図式を考案する上で重要な示唆を与えた。

索 引

CCM 理論 ……7，27，33，39，43，120
CROCAs …………………………… 178
Downward force ……………………22
IBS（過敏性腸症候群）…… 10，126-128
IP ……………………………………56
Upward force ………………………22

〈あ行〉

悪循環過程…………………………… 152
意味構成…… 2，7，10，17，18，25-27，
　29，32，34，38，44，49，51，52，
　54，55，58，128
一般化された他者……………………10
訴え（論）……… 10，21，26，28，29，
　44-48，52，54，56，80，92，121，
　122，177
エコマップ…………………………153，176

〈か行〉

解決可能性……………………………5
介入………………………………… 141
介入過程…………………………… 159
家族システム……………………89，110
家族神話……………………………73，75
家族力学………………………………74
家族療法（家）…………………43，44
課題領域……………………………93，94
関係性（定義）……… 22，27，39，40，
　68，69，74，120
記号表記法…………… 64，77，78，130
記述…… ii，44，45，47-49，52-58，60，
　61，74，80，87，93，123，129，148，
　177
期待…… 8，10-19，21，24，26-29，31，

32，33，36-38，40，44，45，49，55，
57-62，64，71，75，85，89，91，119，
154，175
――の構成要素 ……… 41，46-48，
　50，52-54，56，75，80-82，85，87，
　92，93，95，100，102，105，111，
　121，123，134，136-139，142，
　145，146，155，156，158，159，
　169，171，175
――（の）伝達（行為）… 6，7，74，
　85，148，151，155，160-162，164，
　165，168，170，172，176
――の変数 ………………79，87
気遣い…… 1，2，6　→「ケア」も参照
企投… 4，5，17，19，20，26，51，87，
　119，143
技法（類型／論）………… ii，8-10，26，
　28，43，44，45，63，78，86，87，
　155
　変容―― ……………………… 87，177
技法選択（法）… 47，48，53，56，63，
　64，77，80，86，87，116，124，125，
　132，149
共同主観（的／化）… 24，25，45，99，
　119
共同性 ………………………………… 4
共同生成 ……………………………11，51
クライアント（CL）…… 1，3，5，8-10，
　20，26，28，29，36，43，44-46，
　48-51，54-56
クロネン ……………… 7，27，33，39
ケア
　――概念 ……1，2，6，10，32，41，
　109

——実践 ………3，5，6，8，9，11，
18-20，26，27，43，46，50，55，
90，93，94，109，115，119，124，
125，127，134，135，137，143，
147
——の相互生成（過程／論）…… 11，
18，23，32，167
——・マネジメント … iii，3，5，11
——論 …………………………… 2，28
非本来的（性の）—— ………46，93
本来的（性の）な—— …9，20，40，
141，146，150，155，168，169，
171，173
言語行為……… 7，18，36-38，40，45，
46，51-53，55，58，77，92，101，
102，113，120，166，171
言語的（手段／表現／レベル）…… 33，
36，38，39
言語（的）情報…………… 36，37，108
言語（的）メッセージ…… 27，29，34，
59，91
行為選択（法）… 10，18，22，26，28，
31-33，44，49，51，54，91，95，128
効果測定（法／論）… ii，6-9，26，28，
77，87，89，90，92，100，116，150，
169，177，178
コミュニティ…… 1，4，9-11，17，25，
27，34，35，49，51，53，87，89，
90，112，119，123，125，126，128，
141，143，148，151，173
——支援 ………………… 6，8，175
——の構造と力学 …47，48，52，87
——の再組織化（再構成／論／ワー
ク）…… 4-6，9，11，18，41，43，
44，154，177，178
——の変容（生成）…9，11，25，39，
45，50，52，62，94，111，113，
124，138，146，148，175
生成的—— ………… 9，17，18，21
コミュニティ・モデル………………… 4
コミュニティ理論……………… 3，25

コンプリメント……… 29，48，125，166

〈さ行〉

差異…… 6-8，17，22，25，34，36，40，
43，46，115
差異化（力）… 2，7，11，20，26，32，
34，40，41，44，46，50，52-54，56，
57，61-64，71，76-78，80，85，89，
90，93，109，113，128，133，135，
147
差異化の技法………………… 5，11，45
差異（の）生成（力／力学）…… 8-11，
18，19，28，47，49，51，56，64，
89，92，94，99，109，119，127，
142，173
差異的構成… 6，9，26，60，131，132，
144，156，162
差異の質問…………………44，66，79
カテゴリーの差異 …… 48，65，66，
71，72，125，132，133，139，149，
163
差異の順序づけ … 66，67，72，73，
125，139
時間的差異 … 48，61，66，67，72，
73，125，149，163，166，168
サイバネティクス…………… 6，17，18
サブシステム…… 10，11，24，25，34，
35，40，47，51
3次元グラフ…… 9-11，98，102，109，
113，116，150，178
四肢構造論……7-9，17，18，21，23-25，
28，29，34，40，49，121，177
自他（己）の定義………… 75，120，152
社会構成主義… i，33，43，44，89，90，
92，115
社会・情緒的領域………………… 93，94
重層構造………………………… 39，68
重層的生成………………………… 33
循環的質問法… 9，11，43-45，48，50，
54，56，63，64，83，86，120，123，
125，127，148

索　引　195

——の再構成 ……………………51
情報還流システム（論）…… 7, 8, 11,
　17, 18, 21, 23, 27, 35, 45, 48,
　177
情報還流一元論………………………3
情報理論………………………………6
身体…3, 20, 38, 49, 65, 79, 83, 86,
　119, 121, 122, 127, 128, 131, 133,
　137-139, 161
制度化……1, 2, 11, 12, 18, 141, 142
世界構成… 2-5, 7, 9, 10, 23, 24, 26,
　32, 44, 46, 51, 52, 54, 62, 63,
　143, 157
世界内存在…………………1, 7, 19, 73
世界（構成／生成）の可能性…… 3, 11,
　17-21, 28, 43, 46, 56, 64, 84, 91,
　109, 115, 119, 122, 124, 137, 138,
　142, 146, 147, 150-152, 154, 157,
　160, 162, 166-168, 173, 174
　新しい—— ……20, 144, 151, 152,
　165
先行的な力……………………………33
相互作用（過程）のカテゴリー…8, 10,
　90, 93, 94, 96, 169, 171, 178
相互生成（可能性／力学）… 4, 8, 11,
　20, 21, 23, 25-27, 32, 36, 38, 43,
　50, 75, 77, 86, 109-111, 119, 130,
　141, 142, 144, 150, 167, 168, 172,
　175
　期待の—— ……………… 62, 110
　ケアの—— ………………………109
存在様式…………………………2, 43

〈た行〉

対人…………………31, 61, 66, 69
対人的世界…… 10, 40, 49, 119, 120,
　127-129, 134, 139, 149, 150, 161
対もの………………………66, 69, 127
対立増幅（増大）過程（場面）…… 34,
　97, 115, 153, 155
多職種………………………………116, 143

ダブル・バインド（仮説／理論）…… 9,
　29, 30
　→「二重拘束理論」も参照
地域性…………………………………4
地域包括支援センター…………153, 174
チーム・アプローチ…………………143
　→「ミニマリスト」を参照
出来事定義（構成）… 27, 39, 40, 55,
　68, 69, 75, 120
統制論……………………………1, 2
同型的…………………………11, 35, 42
トム……… 8, 43-45, 48, 54, 56, 177
トラッキング… 10, 45-47, 49, 50, 55,
　57, 95, 121, 123, 125, 127, 149
　——技法 …… 48, 50, 53, 54, 56,
　99, 101, 111, 125
トランズアクション（過程）…… ii, 9,
　10, 17, 21, 27, 28, 33-36, 38, 39,
　46-50, 52, 57, 61, 62, 86, 97, 98,
　101, 112, 115, 122, 135, 157

〈な行〉

臭い……… 83-85, 122, 123, 127, 128,
　130, 131, 133-138
二元論（精神とものの）………………3, 5
二重拘束（状況／理論）…… 9, 23, 25,
　26, 29-32
　→「ダブル・バインド理論」も参照
偽解決………… 43, 90, 130, 141, 151
ネットワーク（化）…6, 141, 150, 151

〈は行〉

ハイデガー… i, 1, 2, 5-7, 17-20, 23,
　32, 41, 177
配慮………… 1, 115, 144, 155, 174
　→「ケア」も参照
非言語的（手段／表現／レベル）… 33,
　36, 38, 39
非言語（的）メッセージ…… 27-29, 34,
　36, 122, 137, 167
人軸…… 64, 86, 121, 122, 125, 131,

147, 170, 177

人と（および）もの… 3, 8-10, 23, 24,
26, 28, 40, 43, 49, 68, 77, 119,
125, 177
──の（両）構成軸 … 10, 17, 19,
38, 39, 49, 64, 77, 78, 120,
121, 138, 139
廣松渉……7-9, 17, 18, 20, 21, 23-25,
27, 34, 41, 49, 141, 143, 144, 177
フィードバック（ループ）…… 18, 22,
33, 41, 50, 51
垂直的── …22, 40, 92, 94, 120,
147, 148
水平的（力学）── … 22, 34, 37,
40, 50, 56, 92, 94, 120, 123,
124, 129, 147-150
ネガティブ・── ……18, 22, 144,
148
ポジティブ・── … 22, 97, 144
物象化……………………………7, 123
文脈依存的…………………………55, 63
文脈の質問……… 44, 48, 54, 67, 69,
73, 74, 76, 163
カテゴリーの文脈 … 48, 54, 67-69,
74-76, 80, 86, 125, 135, 137,
139, 149, 168
時間的文脈 … 48, 54, 67, 69, 73,
74, 76, 125, 129, 135, 139, 149,
168
ベイトソン… 6, 7, 9, 17, 18, 21-23,
25-27, 34, 36, 41, 43, 177
ベールズ…8, 10, 90, 93, 94, 96, 98,
100, 101, 113, 169, 171, 178
変容段階（論）…… 9, 26, 28, 43-45,
47, 56, 92, 177
変容手順…47, 64, 123, 124, 128, 129
変容論……………………1, 28, 29, 121
包括性………………………………… 2, 18
包括的ケア（論）………… 1-3, 17, 20,
143
北米カルガリー学派…………………… 9

ポジティブ・リフレーミング… 48, 125

〈ま行〉

マインド（概念／理論）… 17, 21, 23,
25, 51
マクロレベル……………………………89
ミクロレベル…… 10, 34, 48, 87, 89,
95, 99, 113, 139, 175
ミニマリスト（介入法）…… 8, 52, 53
──アプローチ ……… 87, 90, 139
──チーム・アプローチ …11, 143,
175
矛盾増幅…………………………32, 34
メッセージ伝達（過程・行為）…9, 10,
27-29, 40, 44, 56, 59, 61, 64, 68,
79, 85, 92, 96, 99, 108, 119, 147,
148
メッセージの送信・受信（者）…… 31,
34, 37, 44, 51, 52
メッセージ（の）内容………27, 37, 51
もの……2, 3, 7, 18, 38, 40, 50, 79,
101
──の（的）世界 …… 11, 65, 119,
124, 126-129, 132, 133, 137,
138, 144, 147, 149, 161
モノ化（対象化）……1, 70, 101, 120,
121, 134
もの軸………64, 65, 79, 83, 86, 121,
122, 125, 131, 139, 147, 149, 161-
163, 177
問題解決（過程／者／場面／力）…… 4,
5, 9-11, 32, 49, 57, 82, 93, 94,
99, 104, 107, 109, 111, 115, 152,
165, 178

〈や・ら・わ行〉

役柄……………………………… 143
役割…24, 25, 29, 33, 141, 143, 151,
155
──期待 …… 141, 142, 143, 145,
146, 147, 151, 152, 154, 158,

159, 162, 173

用材……………………………… 143

力動性（の測定）… 98, 103, 109-115, 170, 172

リフレクション… ii, 9, 44-47, 49, 50, 53, 53-57, 60-62, 74, 87, 90, 92, 93, 95, 101, 102, 121, 123, 124, 149, 158, 159, 177

量的測定（変化）………… 98, 112, 113

類型化… 11, 57, 64, 71, 77, 79, 93, 112, 115, 116, 127, 143, 148, 155, 156, 175, 177, 178

連続的（な技法の）使用（法）…… 81, 85-87, 123, 125, 139, 163, 166, 174, 179

論理階型………………………… 29

ワン・ダウン・ポジション… 8, 26, 165

〈著者略歴〉

大下由美（おおした　ゆみ）

県立広島大学保健福祉学部人間福祉学科　准教授

専門：家族支援論

業績：*Constructing a Comprehensire Team Approach Using the Refined Short Term Reconstructing Meaningful Life Worlds Model*, 2018, JJCP（単著），

A New Intervention Skills and Measurement Methods for Clinical Social Work Practice, 2014, JJSW（共著），

短期の現実構成法の効果測定，2013『家族心理学研究』（共著）

『ファミリー・ソーシャルワークの理論と技法 —— 社会構成主義的観点から ——』2014，九州大学出版会（共編著），

Reconstructing Meaningful Life Worlds : A New Approach to Social Work Practice, 2011, iUniverse（共編著），

『サポート・ネットワークの臨床論』2010，世界思想社（単著），

『支援論の現在 —— 保健福祉領域の視座から ——』2008，世界思想社（単著），

他多数。

コミュニティ臨床論

ケア実践と課題解決ネットワークの生成

2019 年 7 月 25 日　初版発行

著　者　大　下　由　美

発行者　笹　栗　俊　之

発行所　一般財団法人　九州大学出版会
　　　　〒814-0001　福岡市早良区百道浜3-8-34
　　　　九州大学産学官連携イノベーションプラザ305
　　　　電話　092-833-9150
　　　　URL　https://kup.or.jp
　　　　印刷・製本／城島印刷㈱

ⒸYumi Oshita 2019
Printed in Japan

ISBN 978-4-7985-0259-5

ファミリー・ソーシャルワークの理論と技法
社会構成主義的観点から

大下由美・小川全夫・加茂　陽 編
B5判・288ページ・4,200円（税別）

　本書は，人と社会が差異の相互循環過程で生成するという生成的社会論を支援論の基礎理論とし，体系的な差異の生成技法とその効果の測定法を示すことを通して，新たなファミリー・ソーシャル・モデルを提唱する。
　児童・高齢者福祉，看護などの家族支援が重要視される諸分野において，洗練された実践とその効果測定法が示され，本モデルの有用性が明らかにされる。ソーシャルワーク関連の研究者・臨床家のみならず，家族支援に携わるすべての人々が，本書から新しい次元の実践的知識を得るだろう。

九州大学出版会